타문화 이해와 존중을 위한

일본어한자이야기

박상현 저

干 空 科 大 同 東

名 募 文 物 美 白

父 四 手 試 御 旅

玉 遠 月 人 日 雜

臭 宅 和 橫

제이앤씨
Publishing Company

일러두기

1. 가독성을 고려하여 인용한 도서는 본문에서 처리합니다. 다만 인용 출처를 밝힐 때 쪽수는 생략합니다.

2. 제2장 「이야기가 있는 일본어한자」에서는 일본어한자의 의미와 음독 그리고 훈독에 대해 설명합니다. 또한 **더 알고 싶은 일본어한자, 일본문화 한마디, 일본어한자어를 확인해봅시다**라는 코너를 두어 일본어한자학습을 심화합니다.

3. 제2장 「이야기가 있는 일본어한자」에서 본문에 보이는 1)과 같은 숫자 는 **더 알고 싶은 일본어한자**에서 다루는 어휘를 나타냅니다. 특히 **일본어한 자어를 확인해봅시다**에서는 독자가 일본어한자어의 의미를 직접 찾아보 는 시간을 두었습니다. 스스로 찾아보는 과정이 일본어한자 학습에 도움이 되기 때문입니다.

4. ' '의 표시는 다음과 같은 곳에 합니다. 첫째, 강조하고 싶은 곳입니다. 둘째, 일본어 히라가나(ひらがな)와 가타카나(カタカナ)가 'あ'와 'ア' 와 같이 단독으로 나오거나 히라가나나 가타카나로 표기된 단어, 일본 어 동사 및 형용사인 경우입니다. 예컨대 'サークル', '働く(はたらく), '美しい(うつくしい)'처럼 말입니다. 또한 'お土産(おみやげ)'나 '手 書き(てがき)'처럼 히라가나로 시작하거나 끝나는 어휘입니다. 반면 에 同一(どういつ)와 같이 일본어한자와 그 읽기가 병기됐을 때는 ' ' 표시를 하지 않습니다.

5. 일본어회화문을 직접 인용할 때는 「 」로 표시합니다.

6. 일본어의 한국어 표기는 외래어표기법에 따릅니다.

한국인 일본어 학습자(이하, 한국인 학습자)에게 일본어 공부는 다른 외국어 공부보다 쉬워 보입니다. 일본어와 한국어의 어순이 거의 비슷하고, 일본어 문법이 그다지 어렵지 않고, 일본어한자어 중에 우리 한자어와 유사하거나 같은 것이 적지 않기 때문입니다.

그런데 한국인 학습자가 초급과 중급을 거쳐 상급 이상으로 나아갈 때 커다란 걸림돌이 되는 것은 쉽다고 여겨졌던 일본어한자어라고 생각합니다. 한국어한자와 달리 일본어한자어를 구성하는 일본어한자의 발음이 여러 가지이기 때문입니다. 예를 들어 '바를 정(正)'을 보겠습니다. 정면은 正面(しょうめん)이라고 읽고, 정문은 正門(せいもん)이라고 읽고, 옳다는 '正しい(ただしい)'라고 읽습니다. 다시 말하면 한국어한자는 몇몇 예외가 있기는 하지만 하나의 한자에 하나의 발음이 기본이고, 한자의 훈독(訓讀)도 하지 않습니다. 반면에 일본어한자는 대부분이 음독(音讀)과 훈독을 함께합니다. 게다가 음독과 훈독이 복수(複數)인 경우가 드물지 않습니다. 방금 앞에서 예시한 정면과 정문은 음독이 둘 이상인 사례입니다.

또한 2자 이상으로 이루어진 일본어한자어는 음독+음독, 음독+훈독, 훈독+음독, 훈독+훈독과 같이 되어 있는데, 처음 접하는 일본어한자어가 이와 같은 조합 중에 어디에 해당하는지 알 수 없다는 것도 한국인 학습자를 당황하게 만듭니다.

그렇다면 일본인에게 일본어한자어는 쉬울까요? 사실은 반드시 그렇지 않습니다. 일본인도 일본어한자어가 어렵습니다. 다만 일상생활에게 일본어한자어와 매일 마주하기에 시각적 및 청각적으로 일본어한자어와 접할 시간이 한국인 학습자보다 비교가 되지 않을 정도로 많습니다. 또한 평소에 가정에서 혹은 유치원이나 초등학교에서 일본어한자와 일본어한자어를 익히기에 그 학습량이 한국인 학습자가 따라가지 못할 정도도 많습니다.

여기서 중요한 것은 일본인도 일본어한자어를 '학습(學習)' 곧 '배우고 익힌다'는 사실입니다. 달리 말하면 시간을 내어 일본어한자어를 적극적으로 학습하지 않으면 일본인도 일본어한자어를 읽지도 쓰지도 못할 수 있다는 말입니다. 결국 일본어한자어는 원어민인 일본인에게도 외국인인 한국인 학습자에게도 똑같이 학습의 영역이라고 말할 수 있습니다.

한국인 학습자가 일본어한자어를 제대로 공부하는 것은 중요합니다. 첫째, 일본어한자어를 올바로 읽거나 쓰지 못하면 일본어 능력을 절대로 상급 이상으로 끌어올릴 수 없기 때문입니다. 알기 쉽게 이야기하면 일본인과 시사문제를 포함한 지적 대화가 불가능합니다. 우리말로 그렇습니다만 고급 어휘는 대체로 한자어로 되어 있기 때문입니다. 둘째, 일본인은 일본어한자나 이것으로 이루어진 일본어한자어를 어느 정도 알고 있느냐로 상대방의 교양을 가늠하는 경향이 있습니다. 이것은 우리에게 잘 알려져 있지 않은 사실이기에 주의할 필요가 있습니다.

그렇다면 일본어한자를 포함한 일본어한자어는 어떻게 학습해야 할까요? 예전에 유행했던 일본어한자 학습법 중에 한국어한자 발음을 활용하여 일본어한자 발음과 일본어한자어를 암기하는 것이 있었습니다. 예컨대 '큰 대(大)'는 우리말로 '대'라고 읽기에 '대'의 이중모음을 단모음 '아'와 '이'를 나누면 일본어로는 'だい'가 된다는 것입니다. 다만 이런 방법을 쓰기 위해서는 한국인 학습자가 우리가 쓰는 한자의 발음을 제대로 알고 있어야 합니다. 그런 점에서 한글 전용 세대의 지금의 한국인 학습자에게는 큰 도움이 되지 못할 수 있습니다.

다음으로는 『일본어한자읽기』와 같은 학습서에 나오는 일본어한자와 일본어한자어를 그냥 암기하는 방법입니다. 현재 시중에 나와 있는 일본어한자 및 일본어한자어 관련 모든 학습서가 여기에 들어간다고 말할 수 있습니다. 중요한 일본어한자와 일본어한자어가 체계적으로 잘 정리되어 있다는 점에서 이와 같은 『일본어한자읽기』 교재도 일본어한자어 공부에 도움이 될 수 있다고 생각합니다. 다만 잘 정돈 되어 있기에 학습에 효율적이라고 생각되지만 이런 학습서로 효과를 보기 위해서는 상당한 인내가 필요하다고 생각합니다. 예전에 영어 단어를 암기할 때 『VOCA 22,000』같은 책이 큰 인기를 끌었던 적이 있습니다. 하지만 이것에 들인 시간과 노력에 비해 그 성과가 그다지 좋지 않았던 것 같습니다. 가성비가 나빴던 것입니다. 문맥이 충분히 고려되지 않은 어휘 암기는 쉽게 잊어버리는 경향이 있기 때문입니다.

모든 외국어 학습이 그렇듯이 일본어한자를 포함한 일본어한자어 학습에 왕도는 없어 보입니다. 하지만 저는 다음과 같은 생각과 학습법도 일본어한자읽기 향상에 도움이 될 수 있다고 생각합니다.

첫째, 일본어한자 하나하나에 좀 더 관심과 애정을 가졌으면 좋겠습니다. 현재 쓰이고 있는 일본어한자와 일본어한자어에는 수많은 삶과 역사가 있었을 것입니다. 현존하는 인류처럼 말입니다. 사라지지 않고 남아 있는 일본어한자를 그냥 암기하는 대상이 아니라 살아 숨 쉬는 생명체로 여겨서 그들에게 관심과 애정을 표할 때 일본어한자는 우리에게 한 걸음 더 가까이 다가올 것이라고 생각합니다. 2022년에 작고한 이어령도『한중일 공용한자 808자』(중앙일보, 2015)에서 "공용한자의 글자 하나하나에서 수천 년간 축적된 문화의 빛이 발할 것입니다."라고 지적한 적도 같은 맥락이라고 생각합니다.

둘째, 당연한 말입니다만 문장에서 일본어한자어를 익히면 좋을 것 같습니다. 일본어한자로 된 한자어는 다른 한자어와 조응하면서 문장 속에서 살아 있습니다. 문장에서 봤을 때 그 일본어한자어의 의미를 올바로 파악할 수 있고, 암기한 일본어한자어를 이후에 제대로 활용할 수 있습니다. 따라서 한국인 학습자는 각자 자신이 좋아하는 분야의 일본어원서를 자주 접하는 것이 좋다고 생각합니다. 그러면서 점차 다양한 원서에 도전해 보는 것입니다.

셋째, 듣기를 병행하면 좋겠습니다. 일본의 NHK 뉴스를 보면 아나운서가 말하는 내용 가운데 중요한 부분이 일본어 자막으로 나옵니다. 이때 자막은 일본어한자어가 대다수입니다. 따라서 NHK 뉴스를 들으면서 일본어 자막을 함께 보면 일본어한자어가 어떻게 발음되는지를 잘 알 수 있습니다. 일본어 듣기 연습과 일본어한자 읽기를 함께 할 수 있다는 점에서 일석이조입니다. 또한 읽기 어려운 한자 곧 난독(難讀) 한자를 익히는데 이 방법은 대단히 효과적입니다. 저도 이 방법을 지금도 활용하고 있습니다.

넷째, 최재천은 『최재천의 공부』(김영사, 2022) 등에서 '알면 사랑한다'라는 말을 강조하고 있습니다. 저는 평소에 타문화인 일본문화를 이해하고 존중한다는 관점이 필요하다고 반복해서 말하고 있습니다. 최재천의 지론과 저의 생각은 다르지 않다고 생각합니다. 본서에서 다루는 일본어한자와 그것과 관련된 일본어한자어는 일본문화를 이해하는 데 도움을 줄 수 있습니다. 일본어를 배우는 목적은 여러 가지가 있을 수 있고, 모든 목적은 존중 받아야 한다고 생각합니다. 다만 저는 일본어를 배워서 일본문화라는 타문화를 이해하고 존중하여 그것을 통해 우리문화를 더욱 이해하고 존중하는 것이 중요하다고 생각합니다.

❀

이 책의 특징은 크게 세 가지입니다. 첫째, 일본어한자 및 일본어한자어에 관한 궁금증을 해소할 수 있다는 점입니다. 이것은 제1장에서 Q&A 방식으로 설명하겠습니다. 둘째, 일본어한자와 일본어한자어를 이야기 곧 에세이를 통해 배울 수 있다는 점입니다. 따라서 독자는 이 책에서 소개되는 내용을 편안하게 읽으면서 일본어한자와 일본어한자어를 접하게 됩니다. 이런 방식은 지금까지 시도된 바가 없던 것으로 알고 있습니다. 관습적으로 해왔던 일본어한자읽기 학습법에 대한 저의 대안을 구체화시킨 것입니다. 셋째, 일본어한자와 관련된 일본문화에 대한 이해를 통해 일본문화를 편견 없이 받아드릴 수 있다는 점입니다. 특히 이것은 본 저서가 단순한 일본어한자 읽기 교재를 넘어서 인문 교양서의 역할도 수행할 수 있다는 것을 말합니다.

그런데 본서에서 소개하는 일본어한자와 일본어한자어는 그 수가 결코 많지 않습니다. 따라서 여기에 나오는 것을 모두 마스터한다고 해서 일본어한자와 일본어한자어 공부가 끝나는 것은 절대로 아닙니다. 이 책은 한국인 학습자의 일본어한자 학습에 대한 '동기부여' 정도에 불과합니다. 이 책을 통해 일본어한자 학습의 즐거움을 맛본 후, 스스로 사전을 찾아가면서 새로운 일본어한자어를 하나하나 익혀가다 보면 일본어한자어에 익숙해진 독자 자신의 모습을 확인할 수 있을 것이라고 생각합니다.

본서의 구성은 크게 다음과 같습니다. 제1장 「일본어한자 ABC」에서는 한국인 학습자가 일본어한자를 익히면서 흔히 하는 질문에 대해 제가 대답하는 형식을 취했습니다. 제2장 「이야기가 있는 일본어한자」에서는 일본어상용한자 중에서 주요한 일본어한자를 예시하여 그 한자로 구성된 일본어한자어에 대해 설명하고, 예시한 일본어한자 혹은 그와 관련된 일본어한자에 관한 일본문화를 서술했습니다.

앞에서도 언급한 적이 있습니다만 본서는 한글 전용 세대를 위한 일본어한자읽기에 관한 책입니다. 일본어문자인 히라가나(ひらがな)와 가타카나(カタカナ)만 알고 있으면 누구나 이 책을 통해 일본

어한자를 학습할 수 있도록 집필했습니다. 또한 일본어중급 이상의 학습자에게는 일본어한자능력을 심화시킬 수 있도록 신경을 썼습니다. 이 조그만 책으로 독자 여러분이 일본어한자의 세계에 즐겁게 입문하고, 일본어한자능력을 한 단계 더 높일 수 있다면 저자로서는 이보다 큰 기쁨은 없을 것 같습니다.

▌목차 ▌

책을 내면서 ————————————————— 3

제1장 일본어한자 ABC ————————————— 13

제1절 일본어한자는 꼭 써야 하나요? ——————— 15

제2절 일본어한자를 공부하면 좋은 것이 있나요? ————— 19

제3절 일본어문장에서 한자 비중은 어떤가요? ——————— 22

제4절 일본어한자어와 동일한 우리말 한자어가 많은

이유는 무엇인가요? ————————————— 25

제5절 일본어한자체와 우리의 한자체는 다른가요? ——————— 28

제6절 일본에서 만든 한자가 있나요? ——————————— 31

제7절 교육용한자는 무엇인가요? ——————————— 34

제8절 음독과 훈독이 무엇인가요? ——————————— 46

제9절 일본어한자읽기는 모두 몇 가지인가요? ——————— 49

제10절 상용한자가 무엇인가요? ————————————— 52

제11절 일본어한자는 다른데 발음이 같은 경우가 많나요? ——— 54

제12절 일본어한자에 붙어 있는 '가나'는 무엇인가요? ———— 57

제13절 일본어한자어에 '가나'가 있는 이유는 무엇인가요? —— 60

제14절 한자의 의미와 관계없는 일본어한자읽기도 있나요? —— 63

제15절 일본어한자어에는 어떤 사자성어가 있나요? ————— 66

제16절 순행동화와 역행동화가 무엇인가요? ──────── 69

제17절 일본어한자어에 보이는 'ゝ'는 무엇인지요? ──────── 72

제18절 일본어한자어 '土産(토산)'을 왜 'みやげ'로 읽는지요? ── 74

제2장   이야기가 있는 일본어한자 ──────── 77

제1절 간(干) ──────────────── 79

제2절 공(空) ──────────────── 84

제3절 과(科) ──────────────── 90

제4절 대(大) ──────────────── 96

제5절 동(同) ──────────────── 101

제6절 동(東) ──────────────── 109

제7절 명(名) ──────────────── 115

제8절 모(募) ──────────────── 122

제9절 문(文) ──────────────── 126

제10절 물(物) ──────────────── 131

제11절 미(美) ──────────────── 136

제12절 백(白) ──────────────── 142

제13절 부(父) ──────────────── 148

제14절 사(四) ──────────────── 154

제15절 수(手) ──────────────── 159

제16절 시(試) ──────────────── 166

제17절 어(御) ──────────────── 172

제18절 려(旅) ──────────────── 177

제19절 옥(玉) ──────────────── 182

제20절 원(遠) ──────────────── 188

제21절 월(月) ──────────────── 193

제22절 인(人) ——————————————— 198

제23절 일(日) ——————————————— 203

제24절 잡(雜) ——————————————— 209

제25절 취(臭) ——————————————— 215

제26절 택(宅) ——————————————— 220

제27절 와(和) ——————————————— 225

제28절 횡(橫) ——————————————— 230

책을 마치면서 ——————————————— 237

제1장

일본어한자 ABC

干 空 科 大 同 東

名 募 文 物 美 白

父 四 手 試 御 旅

玉 遠 月 人 日 雑

臭 宅 和 横

일본어한자는 꼭 써야 하나요?

일본어 수업에서 자주 듣는 질문이 있습니다. "일본어에서 일본어한자는 꼭 써야 하나요?"라는 질문입니다. 아마도 일본어한자가 어려워서 하는 질문이라고 생각합니다.

일본유학 시절이 떠오릅니다. 당시 저는 60대 할머니에게 일주일에 한 번씩 한국어 개인레슨을 하고 있었습니다. 그분은 연세가 있었기에 한국어를 배우는 데 많은 시간이 걸렸습니다. 하지만 진도에는 전혀 개의치 않으셨습니다. 그냥 저와 일본어로 한국어와 한국문화에 대해 이야기를 나누는 것에 만족하시는 것 같았습니다.

그 분이 사시던 공동주택에는 공용주차장이 있었는데, 거기에는 다음과 같은 경고성 문구가 쓰여 있었습니다.

ちゅうしゃじょうのまえであそんではいけません。

처음에는 이 경고문이 눈에 들어오지 않았습니다. 일본어 문자인 히라가나로만 적혀 있었기 때문입니다. 이 문장을 읽으면서 머릿속에서 아래와 같이 천천히 한자 변환을 했습니다.

駐車場の前で遊んではいけません。

어떻습니까? 일본어를 잘 모른다고 하더라도 주차장에 駐車場(주차장), 前(전), 遊(유)라는 일본어한자어가 들어간 위 문장을 보면 문맥상 '여기에 주차 하지 말라'거나 '여기서 놀지 말라' 등과 같은 의미라고 이해할 수 있는 독자가 적지 않을 것입니다. 한자가 뜻글자이기 때문입니다.

그렇습니다. 위 문장은 '주차장 앞에서 놀면 안 된다'는 경고문이었습니다. 그런데 왜 「ちゅうしゃじょうのまえであそんではいけません。」과 같이 히라가나로만 썼을까요? 일본어한자를 잘 모르는 유치원생이나 초등학교 저학년 아이들을 대상으로 적었기 때문입니다. 「駐車場の前で遊んではいけません。」이라고 표기하는 것이 일반적입니다. 일본어문장에서는 이렇게 일본어한자나 일본어한자어를 쓰는 것이 시각적으로 의미를 파악하는 데 더 수월합니다. 일본어한자를 꼭 써야 하는 이유가 바로 여기에 있습니다.

한편 우리말은 어떨까요? 아래 A와 B 문장을 비교해보시길 바랍니다.

A. 주차장 앞에서 놀면 안 됩니다.
B. 駐車場 앞에서 놀면 안 됩니다.
　駐車場 前에서 놀면 안 됩니다.

세대에 따라서, 또한 한자를 잘 아느냐 그렇지 않으냐에 따라서 다소 차이가 있을 수 있겠습니다만, 한자를 쓰지 않은 A가 의미를 파악하는 데 더 쉬울 것이라고 생각합니다. 일본어와 달리 한글로만 된 문장도 충분히 시각적이라는 것을 알 수 있습니다. 일본어와 한국어에서 한자가 차지하는 의미와 비중이 이 정도로 다릅니다.

일본어에서 한자가 필요한 이유는 또 있습니다. 한자가 없으면 의미에 혼선이 생기기 쉽기 때문입니다. 아쓰지 데쓰지(阿辻哲次)의 『한자 이야기』(소명, 2021)에 소개된 예문 두 개를 소개하고자 합니다. 널리 알려진 예문입니다만,「ふたえにまげてくびにかけるじゅず」라는 것은 다음과 같이 두 가지 의미가 모두 가능합니다.

> A. 二重に曲げて首にかける数珠(이중으로 감아 목에 거는 염주)
>
> B. 二重に曲げ手首にかける数珠(이중으로 감아 손목에 거는 염주)

또한「きょうはいしゃにいく。」도 아래와 같이 두 가지 모두 가능합니다.

> A. 今日は医者に行く。(오늘은 의사한테 간다.)
>
> B. 今日歯医者に行く。(오늘 치과에 간다.)

일본어는 띄어쓰기를 하지 않기 때문에 한자를 쓰지 않으면 의미가 다르게 해석될 소지가 많습니다. 일본어에 한자가 필요한 이유입니다.

　이익섭은『우리말 산책』(신구문화사, 2010)에서 뜻글자인 한자의 효용성과 그 생명력에 대해서 말하고 있습니다. 귀 기울일 만합니다. 다만 앞에서 살펴봤듯이 상대적이기는 하지만 일본어보다는 우리말에서 한자의 중요도가 작은 것도 또한 사실입니다.

일본어한자를 공부하면 좋은 것이 있나요?

제가 한자를 처음 접한 것은 중학교에 입학하면서입니다. 하지만 열심히 공부했던 기억이 없고, 배운 한자를 어떻게 활용해야 하는지도 잘 몰랐습니다. 일본어한자는 한자를 간략하게 쓴 것, 곧 약자체라서 우리가 쓰는 한자의 자형(字形)과 완전히 똑같지는 않습니다만 저는 일본어한자를 공부하면서 한자어로 된 우리말을 더 잘 이해할 수 있게 됐다고 생각합니다.

우리말에 수수료라는 말이 있습니다. 한자로 쓰면 手數料입니다. 자형만 다를 뿐 일본어도 동일합니다. 저는 일본어사전을 통해 手(수)와 數(수) 그리고 料(료)로 이루어진 이 한자어의 의미가 '어떤 일을 맡아 처리해 준 것에 대한 대가'라는 것을 이해할 수 있었습니다. '手'에는 '도움이 되는 행위'라는 의미가 있기 때문입니다. 일본어 手數料는 'てすうりょう'라고 발음합니다. 이때 'て'는 훈독(訓讀)이고 'すう'와 'りょう'는 음독(音讀)입니다. 훈독과 음독의 개념에 대해서는 제1장 제8절에서 자세히 언급할 예정입니다. 여하튼 결국 'てすうりょう'는 훈독+음독+음독으로 된 한자어입니다. 본서의 제2부에서 다시 언급하겠지만 수수료는 일본에서 온 일본어한자어입니다. 이 일본어한자어를 우리식 한자 발음으로 읽으면 수수료가 됩니다.

수(手)가 들어가는 우리말에 수순이라는 말이 있습니다. 신문 등에서 많이 쓰는 말로 정치 기사에 자주 등장합니다. 이 말은 '일을 해나가는 순서'라는 의미입니다. 이것을 한자로 쓰면 手順이 됩니다. 이 한자를 보면 '손'을 대는 '순서'라는 의미가 떠오릅니다. 따라서 '일을 해나가는 순서'라는 뜻을 이해할 수 있습니다. 일본어한자어에도 이 말이 있습니다. 그런데 일본어한자어 手順(てじゅん)은 훈독+음독으로 이루어져 있습니다. 이 수순도 일본에서 유래한 한자어입니다. 우리말에서는 훈독을 하지 않기 때문입니다.

초등학교 과학 시간에 용질, 용매, 용해, 용액이라는 말이 나옵니다. 용질은 다른 물질에 녹는 물질이고, 용매는 다른 물질을 녹이는 물질입니다. 용해는 어떤 물질이 다른 물질에 녹아 골고루 섞이는 현상을 말하고, 용액은 용질이 골고루 섞여 있는 물질을 가리킵니다. 이와 같은 설명을 보면 알 것 같습니다만, 이런 설명을 참고하기 전에 막상 용질, 용매, 용해, 용액에 대해 누군가에서 알기 쉽게 설명하기는 쉽지 않습니다.

용질을 한자로 쓰면 溶質입니다. 이때 용(溶)이 '녹다'라는 의미이고, 질(質)이 '형체'나 '실체'라는 의미인 것을 알면 용질이 '다른 물질에 녹는 물질'이라는 것을 이해하기 쉽습니다. 나머지도 마찬가지입니다. 용매는 溶媒이고, 용해는 溶解이고, 용액은 溶液입니다. 화학 용어인 용질, 용매, 용해, 용액은 일본어한자어는 각각 溶質(ようしつ), 溶媒(ようばい), 溶解(ようかい), 溶液(ようえき)라고 읽습니다. 이들 화학 용어도 수수료나 수순과 마찬가지로 일본어한자어의 우리식 한자 발음일 가능성이 큽니다.

이와 같이 일본어한자를 공부하고 일본어한자어를 알게 되면 한자어로 된 우리말의 뜻을 좀 더 명확히 알게 됩니다. 또한 우리말 한자어라고 알고 있었던 것이 사실은 일본에서 유래한 일본어였다는 것도 알게 됩니다. 결국 일본어한자를 공부하면 우리말을 더 잘 쓸 수 있게 된다고 생각합니다.

일본어문장에서 한자 비중은 어떤가요?

일본에서 유학을 했을 때의 일입니다. 일본의 국학이라고 할 수 있는 학문을 연구하셨던 저의 지도교수는 일본어를 독특하게 쓰는 것으로 유명했습니다. 이를테면 "저는 한국이 아름다운 나라라고 생각합니다."를 저의 지도교수 글쓰기를 모방하여 일본어로 쓰면 「わたしは韓国がうつくしいくにだとおもいます。」와 같이 됩니다. 韓国(한국)은 일본어로 'かんこく'라고 읽습니다.

위 문장은 일본어로 「私は韓国が美しい国だと思います。」라고 표기하는 것이 일반적입니다. 그런데 지도교수는 국학을 전공하는 학자답게 일본의 고유어는 히라가나로 적고, 한자어만 한자로 표기했습니다. 곧 그는 私를 'わたし'로, '아름답다'인 '美しい'를 'うつくしい'로, 国를 'くに'로, '생각하다'인 '思います'를 'おもいます'로 각각 표기했습니다.

「私は韓国が美しい国だと思います。」라는 문장을 「わたしは韓国がうつくしいくにだとおもいます。」라고 표기하면 우선 시각적으로 의미를 파악하기 어렵습니다. 읽기 어렵다는 말입니다. 이것과 관련한 것입니다만 잘 알려져 있듯이 일본어는 띄어쓰기를 하지 않습니다. 일본어에서는 한자와 쉼표가 띄어쓰기의 역할을 하고 있습니다.

따라서 의미를 제대로 전달하기 위해서는 한자를 적절하게 써야 하고, 쉼표를 많이 찍어야 합니다. 일본어문장에 쉼표가 많은 이유가 바로 여기에 있습니다.

또한 지도교수와 같은 글쓰기를 하면 원고지에서 차지하는 글자가 많아집니다. 한자를 적절하게 쓴 「私は韓国が美しい国だと思います。」라는 문장이 16칸을 차지하지만 「わたしは韓国がうつくしいくにだとおもいます。」는 22칸이나 필요합니다. 한자를 쓰지 않으면 경제적으로도 대단히 비효율적입니다.

이와 같이 일본어한자를 적게 써도 문제입니다만 일본어한자의 과다 사용도 역시 문제입니다. 이런 경향은 일본인뿐만이 아니라 한국인 학습자에게도 보입니다. 특히 일본어문장을 손으로 직접 쓰지 않고 MS WORD나 '아래아한글'에서 일본어를 작성할 때 이런 오류를 범하기 쉽습니다. 예를 들면 다음과 같습니다. '지금 가겠습니다.'라고 적을 때 「ただいま参ります。」라고 하면 될 것을 「只今参ります。」라고 한다든지, '봐 주세요.'라고 쓸 때 「ご覧ください。」라고 하면 충분할 것을 「御覧下さい。」라고 한다든지, '잘 보겠습니다.'라고 할 때 「拝見いたします。」라면 될 것을 「拝見致します。」라고 적습니다. 지나친 일본어한자 사용은 일본인이나 한국인 학습자에게 '일본어한자를 많이 써야 일본어를 잘 하는 것이다'라는 생각이 있기 때문이 아닐까 하고 조심스럽게 추측해봅니다.

결국 말의 의미나 글자의 경제성을 생각할 때 일본어에서 일본어한자와 일본어한자어가 차지하는 비중은 크다고 말할 수 있습니다. 다만 일본어문장은 한자와 가나를 적절하게 쓰는 漢字仮名交じり文

(かんじかなまじりぶん) 곧 '한자 가나 혼합문'이라는 것을 잊지 않으시길 바랍니다.

반면에 한국어문장에서 한자의 비중은 어떨까요? 일본에서 유학을 했을 때의 일입니다. 일본어학을 전공하신 한 교수님께서 수업시간에 자주 이런 말을 했습니다. "예전에는 한국에서 나온 신문이나 책은 읽기 쉬웠습니다. 한자를 많이 썼고, 조사만 한글로 표기했기 때문입니다. 그런데 요즘은 한자를 잘 쓰지 않아서 읽기 어렵습니다."

이 글을 쓰면서 제 연구실에 꽂혀 있는 책 표지를 살펴봤습니다. 『解放三年史 研究入門』, 『解放前後史의 認識』 등의 서명이 눈에 들어왔습니다. 아마도 좀 전에 언급했던 일본인 교수님은 이와 같은 표기 스타일이 편했던 것 같습니다. 한자에 조예가 깊였던 교수님이셨기에 한국어를 따로 공부하지 않아도 한국어의 조사 정도만 알면 1990년대 이전에 출간된 한국 서적을 읽는 데는 큰 어려움이 없었던 것 같습니다. 앞에서 예시했던 책을 지금 재출간한다면 『해방 3년사 연구 입문』, 『해방 전후사의 인식』이 될 것입니다. 한글전용시대에 한자는 동음이의어를 나타낼 때나 어떤 부분을 강조할 때에 주로 사용합니다. 우리말 표기에서 한자는 그 비중이 상당히 축소됐다고 말할 수 있습니다.

일본어한자어와 동일한 우리말 한자어가
많은 이유는 무엇인가요?

동아시아 3국인 한국과 중국 그리고 일본은 한자문화권이라고 불립니다. 한자를 공통 문자로 사용했기 때문입니다. 또한『논어』,『천자문』,『문선』등 중국 고전을 공유했기 때문입니다. 따라서 근대 이전에는 중국에서 만든 한자어가 한국과 일본에서 유통되었고, 한국어와 일본어에 중국에서 유래한 한자어가 많게 됐습니다.

그런데 근대를 경계로 사정이 크게 달라집니다. 일본은 근대화를 준비하는 시기부터 서양의 새로운 문물을 받아들였습니다. 따라서 새롭게 들어온 정보나 문물에 부합하는 용어가 필요하게 되었고 이에 따라 자연스럽게 신조어가 다량으로 만들어졌습니다. 이때 사용된 것이 바로 한자입니다. 잘 알려져 있듯이 뜻글자인 한자는 조어력이 대단히 좋은 문자이기 때문입니다. 아이러니하게도 근대에 들어 일본어에서 한자어가 차지하는 비중이 크게 증가하게 된 것에는 이런 역사적 배경이 있었던 것입니다. 그리고 이렇게 만들어진 근대 일본어한자어는 일제강점기에 식민지 조선에 들어왔습니다. 현재 우리말에 일본어한자어와 동일한 한자어가 많은 이유는 일제강점기와 밀접한 관련이 있습니다. 일본어한자어가 큰 저항이나 위화감 없이 우리의 언어생활에 침투하게 된 것은 우리에게 익숙하고 친숙한 한자로 되어 있었기 때문입니다.

우리가 일상생활에서 사용하는 일본어한자어에는 어떤 것이 있을까요? 예컨대 사회, 자유, 권리, 자연, 개인, 사진, 연애 등이 있습니다. 이들은 일본어로 각각 社会(しゃかい), 自由(じゆう), 権利(けんり), 自然(しぜん), 個人(こじん), 写真(しゃしん), 恋愛(れんあい)라고 합니다. 이뿐만이 아니다. 철학이라는 용어도 그렇고, 철학적 사고를 할 때 사용하는 거의 모든 개념이 일본어한자어에서 왔다고 봐도 틀리지 않습니다. 철학은 일본어로 哲学(てつがく)라고 합니다. 국문법의 용어는 또한 어떤가요? 형용사, 보조조사, 격조사 등도 일본어한자어입니다. 순행동화, 역행동화라는 용어도 마찬가지입니다(박상현 「경계의 언어: 우리말 속 일본어」 한림대학교일본학연구소, 2021년 뉴스레터 제6호, 2022).

이런 사례는 셀 수 없을 정도로 많습니다. 비근한 예이지만 스포츠 용어에도 일본어한자어가 상당합니다. 야구를 예로 들어보겠습니다. 야구라는 말 자체가 영어 baseball을 일본어한자어로 번역한 것이었다. 투수, 포수, 타자, 일루수, 이루수, 삼루수, 내야수, 외야수, 좌익수, 우익수, 중견수, 지명타자, 대타, 삼진 등도 모두 그렇습니다. 야구를 좋아하는 저는 삼진을 왜 '삼진'이라고 부르는지 알 수 없었다. 일본어를 공부하면서 삼진이란 三振(さんしん) 곧 타자가 방망이를 세 번 휘둘렀기 때문에 '삼진'이라는 사실을 알게 되었습니다. 일본어한자 振(진)에는 '흔들다', '휘두르다'라는 의미가 있습니다.

그럼 이와 같은 일본어한자어를 어떻게 받아들여야 할까요? 일본어이니 국어순화의 차원에서 모두 없애야 할까요? 최현배는 『우리말 존중의 근본 뜻』(정음사, 1953)에서 형용사를 그림씨로, 보조조사를 도움토씨로, 격조사를 자리토씨로 각각 순화하자고 했습니다. 그러나 이런 그의 노력은 성공을 거두었다고 말하기 어렵습니다. 우리가 형용사, 보조조사, 격조사 등의 용어에 너무 익숙해졌기 때문입니다. 다른 대부분의 용어도 그렇습니다. 따라서 이들 용어는 일본어에서 온 외래어가 아니라 이미 우리에게 귀화한 우리말이라고 생각하는 것이 좋을 것 같습니다.

그런데 근대 일본어한자어에 흥미로운 현상이 발생하고 있습니다. 예컨대 백화점이라는 용어가 그렇습니다. 일본인은 영어 department store를 한자를 활용하여 百貨店(ひゃっかてん)이라고 번역했습니다. 그런데 요즘에는 이 말을 'ㅇㅇ百貨店'과 같이 상호를 나타내는 고유명사에 제한적으로 사용하고 일반적으로는 영어 department store를 줄인 'デパート(depart)'라는 표현을 흔히 씁니다. 이런 경향이 여기저기서 보입니다. 아마도 영어의 가타카나 표기가 더 멋있다고 느끼기 때문인 것 같습니다.

일본어한자체와 우리의 한자체는 다른가요?

저는 우리의 '국문학과'에 해당하는 연구실에서 유학했습니다. 이 연구실에서 공부하는 일본의 학부생과 대학원생은 일본문학과 일본문화에 대한 자부심이 대단했습니다. 그런데 희한한 것은 그들이 우리가 쓰는 한자를 거의 읽지 못했다는 것입니다. 일반 시민은 더 말할 필요도 없었습니다. 예를 들어 호실(號室)에 나오는 호(號)나 의사(醫師)에 보이는 의(醫) 같은 한자를 읽지 못하는 경우가 적지 않았습니다.

그런데 '국어학' 곧 '일본어학' 수업시간에서 그 이유를 알게 됐습니다. 우리가 쓰는 한자체를 일본에서는 번체자(繁体字, はんたいじ)라고 부르는데 이 한자체를 현재 일본에서는 쓰지 않는다고 합니다. 일본에서는 이 한자체를 구자체(旧字体, きゅうじたい)라고 합니다. 한편 일본은 패전 이후인 1946년부터 이 구자체를 간략하게 만든 신자체(新字体, しんじたい)를 사용하고 있습니다. 예전에 쓰던 한자체가 획수도 많고 외우기에 힘들었기에 쓰기 편하게 간편하게 한 것입니다. 그래서 일본에서는 앞서 예시했던 호(號)는 호(号)로, 의(醫)는 의(医)로 간략화 된 한자체를 현재 쓰고 있습니다.

일본이 패전 후에 신자체를 사용했기에 패전 전인 1945년 8월 이전에 출간된 일본 서적은 모두 번체자 곧 우리가 쓰는 한자체로 쓰여 있습니다. 이런 까닭으로 일본인이라도 패전 전에 출간된 도서를 읽기 위해서는 예전의 한자체를 따로 익혀야 합니다.

그런데 일본어학이나 일본고전문학을 공부하시는 교수님들은 일부러 번체자로 글을 쓰기도 합니다. 일종의 멋인 것 같습니다.

그럼 구자체가 신자체로 어떻게 변했는지를 몇몇 일본어한자를 통해 살펴보겠습니다. 화살표를 중심으로 왼쪽이 구자체이고, 오른쪽이 신자체입니다.

구(舊 ⇨ 旧), 체(體 ⇨ 体), 래(來 ⇨ 来), 철(鐵 ⇨ 鉄),
여(與 ⇨ 与), 학(學 ⇨ 学), 대(臺 ⇨ 台), 기(氣 ⇨ 気),
국(國 ⇨ 国), 관(關 ⇨ 関), 진(眞 ⇨ 真), 택(澤 ⇨ 沢),
염(鹽 ⇨ 塩), 앵(櫻 ⇨ 桜), 광(廣 ⇨ 広), 변(邊 ⇨ 辺),
빈(濱 ⇨ 浜), 보(寶 ⇨ 宝), 혜(惠 ⇨ 恵), 치(齒 ⇨ 歯),
현(縣 ⇨ 県), 성(聲 ⇨ 声), 가(價 ⇨ 価), 불(佛 ⇨ 仏),
전(傳 ⇨ 伝), 해(釋 ⇨ 釈), 당(當 ⇨ 当), 진(盡 ⇨ 尽)

위에서 예시한 구자체와 신자체를 비교해보면 신자체가 어떻게 만들어졌는지를 알 수 있습니다.

첫째, 한자의 일부분을 생략한 것에는 성(聲 ⇨ 声), 가(價 ⇨ 価) 등이 들어갑니다. 둘째, 한자의 일부분을 간략하게 한 것에는 광(廣 ⇨ 広)과 전(傳 ⇨ 伝) 등이 포함됩니다. 셋째, 한자 전체를 간단하게 만들 것에는 대(臺 ⇨ 台)와 진(盡 ⇨ 尽) 등이 있습니다.

덧붙여서 중국은 1956년부터 일본의 신자체보다 더 간략한 한자체인 간체자(簡體字)를 쓰고 있습니다. 너무 많이 간략하게 했기에 별로도 공부하지 않으면 읽기 어렵습니다.

한국과 중국 그리고 일본 등은 한자문화권이라고 합니다만 현재 각 나라에서 쓰고 있는 문자나 한자체 곧 자형을 보면 한자문화권이라는 문화공동체가 상당히 와해되고 있다고 말하지 않을 수 없습니다.

일본에서 만든 한자가 있나요?

초급일본어에서 나오는 어휘 중에 '働く(はたらく)'라는 말이 있습니다. 우리말로 하면 '일하다'가 됩니다. 또한 일본어능력시험2급 (JLPT 2급) 수준의 어휘로 '밭'을 뜻하는 畑(はたけ)가 있습니다. 그런데 이 말은 중국에서 만든 한자가 아니라 일본에서 만든 한자입니다. 이를 가리켜 国字(こくじ, 국자) 또는 和製漢字(わせいかんじ, 화제한자)라고 합니다. 国字(국자)의 国(국)과 和製(화제)의 和(화)는 일본을 의미합니다. 결국 국자 또는 화제한자는 일본이 만든 글자 혹은 일본이 만든 한자라는 의미입니다.

일본이 이와 같은 국자 혹은 화제한자를 만든 이유는 중국에는 없는 것을 나타내고 싶거나 기존의 한자로는 표현하기 어려운 관념을 나타내기 위해서라고 합니다. 비교적 잘 알려져 있는 것으로는 峠(とうげ), 辻(つじ), 榊(さかき), 凩(こがらし), 凪(なぎ), 鰯(いわし) 등이 있습니다. 峠(とうげ)는 우리말로 고개입니다. 우리에게도 잘 알려져 있는 소설가인 미우라 아야코(三浦綾子)의 작품에『塩狩峠』가 있습니다. 서명을 히라가나로 적으면 'しおかりとうげ'가 됩니다. 이 고개는 홋카이도에 있습니다. 辻(つじ)는 우리말로 네거리입니다. 일본인 인명에도 쓰이는 한자입니다. 소설『냉정과 열정 사이』의 저자인 소설가의 이름이 쓰지 히토나리(辻仁成)입니다. 榊(さかき)는 우리말로 비쭈기나무인데, 이것도 인명으로 쓰입니다. 凪(なぎ)는 바다가 잔잔하다는 의미이고, 鰯(いわし)는 정어리를 말합니다.

일본에서 만든 한자 중에 저는 躾(しつけ)라는 말을 가장 좋아합니다. 躾(しつけ)는 우리말로 가정교육 혹은 훈육이라고 옮길 수 있는 말입니다. 우리도 가정교육에 힘쓰는 편이지만 일본의 가정교육은 좀 남다른 것 같습니다. 항상 타인을 의식하여 남에게 폐를 끼치지 않도록 주의를 준다는 것이 큰 특징입니다. 예를 들어 식당에서 아이가 울면 일본 부모는 주위에 민폐를 끼친다면서 아이를 호되게 혼냅니다. 우리가 보면 민망할 정도이고 아이의 기를 너무 죽이는 것이 아닌가 하고 생각할 정도입니다.

제가 躾(しつけ)라는 일본어한자어를 좋아하는 이유는 이 한자가 身(신)에다가 美(미)를 조합하여 만들었기 때문입니다. 일본인의 가정교육이 어디에 초점을 맞추고 있는가가 여기에 잘 드러난다고 생각합니다. 躾(しつけ)의 조합에서 알 수 있듯이 일본에서 만든 한자는 身(신)과 美(미)와 같은 각각의 한자를 결합하여 새로운 의미를 만들고 있습니다. 그런 의미에서 국자 또는 화제한자는 회의자(會意字)라고 말할 수 있습니다. 회의자는 회의문자(會意文字)라고도 합니다.

앞서 예시한 '일하다'의 '働く(はたらく)'는 인(人)에 동(動)을 조합한 것입니다. '언덕'인 峠(とうげ)는 산(山)을 오르고(上) 내리고(下) 하는 것을 시각적으로 나타낸 것입니다. 榊(さかき)는 신(神)에게 바치는 나무(木)이기에 그렇게 만들었습니다.

이밖에도 일본이 만든 한자는 적지 않습니다. 자주 쓰는 몇 가지를 더 소개하면 '喰う(くう, 먹다)', 塀(へい, 울타리), '込む(こむ, 안에 넣다), 枠(わく, 틀) 등이 있습니다. 참고는 일본에서 만든 한자 가운데 '働' 같은 것은 중국에서도 쓴다고 합니다.

교육용한자는 무엇인가요?

일본에서는 한자교육을 일찍 시작합니다. 일본어에서 한자가 차지하는 비중과 의미가 크기 때문입니다. 일본사람은 목욕을 즐기기로 유명합니다. 매일 욕조에 뜨거운 물을 받아서 거기에 몸을 담그고 휴식을 취하는 것이 일상에서 즐기는 소소한 즐거움의 하나라고 볼 수 있습니다. 부모들은 욕조에서도 아이들이 일본어한자에 쉽게 접할 수 있도록 신경을 쓰고 있습니다. 예를 들어 일본어한자 가운데 가장 기초적인 한자나 한자 획순이 나와 있는 포스터를 욕조에 붙여 둡니다. 이들 용조용 포스터는 물에 닿아도 젖지 않게 코팅이 되어 있습니다.

이와 같이 한자에 친숙해진 일본의 아이들은 초등학교에 들어가서 본격적으로 일본어한자를 학습합니다. 획순, 일본어한자발음 등을 배우는데 초등학교 6년간 약 1000자 정도를 익힙니다. 이를 교육용한자 혹은 학습한자라고 부릅니다. 학년별로 배우는 한자가 정해져 있습니다. 일본의 초등학생이 6년간 1000자 정도의 일본어한자를 습득하는 것을 보면 그들이 한자라는 문자를 익히기 위해 얼마나 많은 시간과 노력을 들이고 있는가를 잘 알 수 있습니다. 그러니 한국인 학습자가 일본어한자를 학습하는데 어려움을 느끼는 것은 너무나 당연합니다.

교육용한자를 정리하면 대체적으로 다음과 같습니다. 이들 교육용한자는 일본어한자에서 가장 기본이 되는 한자입니다. 특히 이들 한자는 한중일 공용한자 808자와 거의 겹칩니다. 알아두면 좋을 것 같습니다. 이들 일본어한자를 아래와 같이 '아이우에오(あいうえお)' 순으로 나열해 두었습니다.

일본어한자를 나열할 때 음독을 기본으로 했습니다만 훈독을 한 것도 있습니다. 또한 예시한 일본어한자음이 그 한자의 대표성을 가지지 못하는 경우도 있습니다. 이런 점은 일본어학 전공자가 보면 마음에 들지 않을 수 있습니다. 여기서 소개한 한자음은 어디까지나 편의적인 것임을 밝혀 둡니다. 덧붙여 훈독은 진하게 표시하였고, 교육용 한자 가운데 일본에서 만든 한자인 '국자'는 제외했습니다. 우리말 한자음이 없기 때문입니다.

【1학년】

일(一, いち), 우(右, う), 우(雨, う), 원(円, えん), 옥(王, おう), 음(音, おん), 하(下, か), 화(火, か), 화(花, か) 패(貝, かい), 학(学, がく), 기(気, き), 구(九, きゅう), 체(休, きゅう), 옥(玉, ぎょく), 금(金, きん), 공(空, くう), 월(月, げつ), 견(犬, けん), 견(見, けん), 오(五, ご), 구(口, こう), 교(校, こう), 좌(左, さ), 삼(三, さん), 산(山, さん), 자(子, し), 사(四, し), 사(糸, し), 자(字, じ), 이(耳, じ), 칠(七, しち), 차(車, しゃ), 수(手, しゅ), 십(十, じゅう), 출(出, しゅつ), 여(女, じょ), 소(小, しょう), 상(上, じょう),

삼(森, しん), 인(人, じん), 수(水, すい), 정(正, せい), 생(生, しょう), 청(青, せい), 석(夕, せき), 백(石, せき), 적(赤, せき), 천(千, せん), 천(川, せん), 선(先, せん), 조(早, そう), 초(草, そう), 족(足, そく), 촌(村, そん), 대(大, だい), 남(男, だん), 죽(竹, ちく), 중(中, ちゅう), 충(虫, ちゅう), 정(町, ちょう), 천(天, てん), 전(田, でん), 토(土, ど), 이(二, に), 일(日, にち), 입(入, にゅう), 년(年, ねん), 백(白, はく), 팔(八, はち), 백(百, ひゃく), 문(文, ぶん), 목(木, もく), 본(本, もと), 명(名, めい), 목(目, もく), 립(立, りつ), 력(力, りょく), 림(林, りん), 륙(六, ろく)

【2학년】

인(引, いん), 우(羽, う), 운(雲, うん), 원(園, えん), 원(遠, えん), 하(何, か), 과(科, か), 하(夏, か), 가(家, か), 가(歌, か), 화(画, が), 회(回, かい), 회(会, かい), 해(海, かい), 회(絵, かい), 외(外, がい), 각(角, かく), 락(楽, がく), 활(活, かつ), 간(間, かん), 환(丸, がん), 암(岩, がん), 안(顔, がん), 기(汽, き), 기(記, き), 귀(帰, き), 궁(弓, きゅう), 우(牛, ぎゅう), 어(魚, ぎょ), 경(京, きょう), 강(強, きょう), 교(教, きょう), 근(近, きん), 형(兄, きょう), 형(形, けい), 계(計, けい), 원(元, げん), 언(言, げん), 원(原, げん), 호(戸, こ), 고(古, こ), 오(午, ご), 후(後, ご), 어(語, ご), 공(工, こう), 공(公, こう), 광(広, こう), 교(交, こう), 광(光, こう), 고(考, こう), 행(行, こう), 고(高, こう), 황(黄, こう), 합(合, ごう), 곡(谷, こく), 국(国, こく), 흑(黒, こく), 금(今, こん), 재(才, さい),

세(細, さい), 작(作, さく), 산(算, さん), 지(止, し), 시(市, し), 시(矢, し), 자(姉, し), 사(思, し), 지(紙, し), 사(寺, じ), 자(自, じ), 시(時, じ), 실(室, しつ), 사(社, しゃ), 약(弱, じゃく), 수(首, しゅ), 추(秋, しゅう), 주(週, しゅう), 춘(春, しゅん), 서(書, しょ), 소(少, しょう), 장(場, じょう), 색(色, しき), 식(食, しょく), 심(心, しん), 청(晴, せい), 절(切, せつ), 설(雪, せつ), 선(船, せん), 선(線, せん), 전(前, ぜん), 조(組, そ), 주(走, そう), 다(多, た), 태(太, たい), 체(体, たい), 태(台, たい), 지(地, ち), 지(池, ち), 지(知, ち), 다(茶, ちゃ), 주(昼, ちゅう), 장(長, ちょう), 조(鳥, ちょう), 조(朝, ちょう), 직(直, ちょく), 통(通, つう), 제(弟, だい), 점(店, てん), 점(点, てん), 전(電, でん), 도(刀, とう), 동(冬, とう), 당(当, とう), 동(東, とう), 답(答, とう), 두(頭, とう), 동(同, どう), 도(道, どう), 독(読, どく), 내(内, ない), 남(南, なん), 육(肉, にく), 마(馬, ば), 매(売, ばい), 매(買, ばい), 맥(麦, ばく), 반(半, はん), 번(番, ばん), 부(父, ふ), 풍(風, ふう), 분(分, ぶん), 문(聞, ぶん), 미(米, べい), 보(歩, ほ), 모(母, ぼ), 방(方, ほう), 북(北, ほく), 매(毎, まい), 매(妹, まい), 만(万, まん), 명(明, めい), 명(鳴, めい), 모(毛, もう), 문(門, もん), 야(夜, や), 야(野, や), 우(友, ゆう), 용(用, よう), 요(曜, よう), 래(来, らい), 리(里, り), 리(理, り), 화(話, わ)

【3학년】
악(悪, あく), 안(安, あん), 암(暗, あん), 의(医, い), 위(委,

い), 의(意, い), 육(育, いく), 원(員, いん), 원(院, いん), 음(飲, いん), 운(運, うん), 영(泳, えい), 역(駅, えき), 앙(央, おう), 횡(横, おう), 옥(屋, おく), 온(温, おん), 화(化, か), 하(荷, か), 계(界, かい), 개(開, かい), 계(階, かい), 한(寒, かん), 감(感, かん), 한(漢, かん), 관(館, かん), 안(岸, がん), 기(起, き), 기(期, き), 객(客, きゃく), 구(究, きゅう), 급(急, きゅう), 급(級, きゅう), 궁(宮, きゅう), 구(球, きゅう), 거(去, きょ), 교(橋, きょう), 업(業, ぎょう), 곡(曲, きょく), 국(局, きょく), 은(銀, ぎん), 구(区, く), 고(苦, く), 구(具, ぐ), 군(君, くん), 계(係, けい), 경(軽, けい), 혈(血, けつ), 결(決, けつ), 연(研, けん), 현(県, けん), 고(庫, こ), 호(湖, こ), 항(向, こう), 행(幸, こう), 항(港, こう), 호(号, ごう), 근(根, こん), 제(祭, さい), 명(皿, さら), 사(仕, し), 사(死, し), 사(使, し), 시(始, し), 지(指, し), 치(歯, し), 시(詩, し), 차(次, じ), 사(事, じ), 지(持, じ), 식(式, しき), 실(実, じつ), 사(写, しゃ), 자(者, しゃ), 주(主, しゅ), 수(守, しゅ), 취(取, しゅ), 주(酒, しゅ), 수(受, じゅ), 주(州, しゅう), 습(拾, しゅう), 종(終, しゅう), 습(習, しゅう), 집(集, しゅう), 주(住, じゅう), 중(重, じゅう), 숙(宿, しゅく), 소(所, しょ), 서(暑, しょ), 조(助, じょ), 소(昭, しょう), 소(消, しょう), 상(商, しょう), 장(章, しょう), 승(勝, しょう), 승(乗, じょう), 식(植, しょく), 신(申, しん), 신(身, しん), 신(神, しん), 진(真, しん), 심(深, しん), 진(進, しん), 세(世, せ), 정(整, せい), 석(昔, せき), 전(全, ぜん), 상(相, そう), 송(送, そう), 상(想, そう), 식(息, そく), 속(速, そく), 족(族, ぞく), 타(他, た), 타

(打, だ), 대(対, たい), 대(待, たい), 대(代, だい), 제(第, だい), 제(題, だい), 탄(炭, たん), 단(短, たん), 담(談, だん), 착(着, ちゃく), 주(注, ちゅう), 주(柱, ちゅう), 정(丁, ちょう), 장(帳, ちょう), 조(調, ちょう), 추(追, つい), 정(定, てい), 정(庭, てい), 적(笛, てき), 철(鉄, てつ), 전(転, てん), 도(都, と), 도(度, ど), 투(投, とう), 두(豆, とう), 도(島, とう), 탕(湯, とう), 등(登, とう), 등(等, とう), 동(動, どう), 동(童, どう), 농(農, のう), 파(波, は), 배(配, はい), 배(倍, ばい), 상(箱, **はこ**), 발(発, はつ), 반(反, はん), 판(坂, はん), 판(板, はん), 피(皮, ひ), 비(悲, ひ), 미(美, び), 비(鼻, び), 필(筆, ひつ), 빙(氷, ひょう), 표(表, ひょう), 초(秒, びょう), 병(病, びょう), 품(品, ひん), 부(負, ふ), 부(部, ぶ), 복(服, ふく), 복(福, ふく), 물(物, ぶつ), 평(平, へい), 반(返, へん), 면(勉, べん), 방(放, ほう), 미(味, み), 명(命, めい), 면(面, めん), 문(問, もん), 역(役, やく), 약(薬, やく), 유(由, ゆう), 유(油, ゆ), 유(有, ゆう), 유(遊, ゆう), 예(予, よ), 양(羊, よう), 양(洋, よう), 엽(葉, よう), 양(陽, よう), 양(様, よう), 락(落, らく), 류(流, りゅう), 려(旅, りょ), 량(両, りょう), 록(緑, ろく), 레(礼, れい), 렬(列, れつ), 련(練, れん), 로(路, ろ), 화(和, わ)

【4학년】

애(愛, あい), 안(案, あん), 이(以, い), 의(衣, い), 위(位, い), 자(茨, いばら), 인(印, いん), 영(英, えい), 영(栄, えい), 원(媛, えん), 염(塩, えん), 강(岡, **おか**), 억(億, おく), 가(加, か), 과

(果, か), 화(貨, か), 과(課, か), 아(芽, が), 하(賀, が), 개(改, かい), 계(械, かい), 해(害, がい), 가(街, がい), 각(各, かく), 각(覚, かく), 석(潟, かた), 완(完, かん), 관(官, かん), 관(管, かん), 관(関, かん), 관(観, かん), 원(願, がん), 기(岐, き), 희(希, き), 계(季, き), 기(旗, き), 기(器, き), 기(機, き), 의(議, ぎ), 구(求, きゅう), 읍(泣, きゅう), 급(給, きゅう), 거(挙, きょ), 어(漁, ぎょ), 공(共, きょう), 협(協, きょう), 경(鏡, きょう), 경(競, きょう), 극(極, きょく), 웅(熊, くま), 훈(訓, くん), 군(軍, ぐん), 군(郡, ぐん), 군(群, ぐん), 경(径, けい), 경(景, けい), 예(芸, げい), 흠(欠, けつ), 결(結, けつ), 건(建, けん), 건(健, けん), 험(験, けん), 고(固, こ), 공(功, こう), 호(好, こう), 향(香, こう), 후(候, こう), 강(康, こう), 좌(佐, さ), 차(差, さ), 채(菜, さい), 최(最, さい), 기(埼, さい), 재(材, ざい), 기(崎, さき), 작(昨, さく), 찰(札, さつ), 쇄(刷, さつ), 찰(察, さつ), 참(参, さん), 산(産, さん), 산(散, さん), 잔(残, ざん), 씨(氏, し), 사(司, し), 시(試, し), 아(児, じ), 치(治, ち), 자(滋, じ), 사(辞, じ), 록(鹿, しか), 실(失, しつ), 차(借, しゃく), 종(種, しゅ), 주(周, しゅう), 축(祝, しゅく), 순(順, じゅん), 초(初, しょ), 송(松, しょう), 소(笑, しょう), 창(唱, しょう), 소(焼, しょう), 조(照, しょう), 성(城, じょう), 승(縄, じょう), 신(臣, しん), 신(信, しん), 정(井, せい), 성(成, せい), 성(省, せい), 청(清, せい), 정(静, せい), 석(席, せき), 적(積, せき), 절(折, せつ), 절(節, せつ), 설(説, せつ), 천(浅, せん), 전(戦, せん), 선(選, せん), 연(然, ぜん), 쟁(争, そう), 창(倉, そう), 소(巣, そう), 속

(束, そく), 측(側, そく), 속(続, そく), 졸(卒, そつ), 손(孫, そん), 대(帯, たい), 대(隊, たい), 달(達, たつ), 단(単, たん), 치(置, ち), 중(仲, ちゅう), 충(沖, ちゅう), 조(兆, ちょう), 저(低, てい), 저(底, てい), 적(的, てき), 전(典, てん), 전(伝, でん), 도(徒, と), 노(努, ど), 정(灯, とう), 특(特, とく), 덕(徳, とく), 나(奈, な), 리(梨, **なし**), 열(熱, ねつ), 념(念, ねん), 패(敗, はい), 매(梅, ばい), 박(博, はく), 판(阪, はん), 반(飯, はん), 비(飛, ひ), 필(必, ひつ), 표(票, ひょう), 표(標, ひょう), 불(不, ふ), 부(夫, ふう), 부(付, ふ), 부(府, ふ), 부(阜, ふ), 부(富, ふ), 부(副, ふく), 병(兵, へい), 별(別, べつ), 변(辺, へん), 변(変, へん), 편(便, べん), 포(包, ほう), 법(法, ほう), 망(望, ぼう), 목(牧, ぼく), 말(末, まつ), 만(満, まん), 미(未, み), 민(民, みん), 무(無, む), 약(約, やく), 용(勇, ゆう), 요(要, よう), 양(養, よう), 욕(浴, よく), 리(利, り), 륙(陸, りく), 량(良, りょう), 료(料, りょう), 량(量, りょう), 륜(輪, りん), 류(類, るい), 령(令, れい), 랭(冷, れい), 례(例, れい), 련(連, れん), 로(老, ろう), 로(労, ろう), 록(録, ろく)

【5학년】

압(圧, あつ), 위(囲, い), 이(移, い), 인(因, いん), 영(永, えい), 영(営, えい), 위(衛, えい), 역(易, えき), 익(益, えき), 액(液, えき), 연(演, えん), 응(応, おう), 왕(往, おう), 앵(桜, おう), 가(可, か), 가(仮, か), 가(価, か), 과(過, か), 하(河, が), 쾌(快, かい), 해(解, かい), 격(格, かく), 확(確, かく), 액(額, がく), 간

(刊, かん), 간(幹, かん), 관(慣, かん), 안(眼, がん), 기(紀, き), 기(基, き), 기(寄, き), 규(規, き), 희(喜, き), 기(技, ぎ), 의(義, ぎ), 역(逆, ぎゃく), 구(久, きゅう), 구(旧, きゅう), 구(救, きゅう), 거(居, きょ), 허(許, きょ), 경(境, きょう), 균(均, きん), 금(禁, きん), 구(句, く), 형(型, けい), 경(経, けい), 결(潔, けつ), 건(件, けん), 험(険, けん), 검(検, けん), 한(限, げん), 현(現, げん), 감(減, げん), 고(故, こ), 개(個, こ), 호(護, ご), 효(効, こう), 후(厚, こう), 경(耕, こう), 항(航, こう), 광(鉱, こう), 구(構, こう), 흥(興, こう), 강(講, こう), 고(告, こく), 혼(混, こん), 사(査, さ), 재(再, さい), 재(災, さい), 처(妻, さい), 채(採, さい), 제(際, さい), 재(在, ざい), 재(財, ざい), 죄(罪, ざい), 살(殺, さつ), 잡(雑, ざつ), 산(酸, さん), 찬(賛, さん), 사(士, し), 지(支, し), 사(史, し), 지(志, し), 지(枝, し), 사(師, し), 자(資, し), 사(飼, し), 시(示, じ), 사(似, じ), 식(識, しき), 질(質, しつ), 사(舎, しゃ), 사(謝, しゃ), 수(授, じゅ), 수(修, しゅう), 술(述, じゅつ), 술(術, じゅつ), 준(準, じゅん), 서(序, じょ), 초(招, しょう), 증(証, しょう), 상(象, しょう), 상(賞, しょう), 조(条, じょう), 상(状, じょう), 상(常, じょう), 정(情, じょう), 직(織, しょく), 직(職, しょく), 제(制, せい), 성(性, せい), 정(政, せい), 세(勢, せい), 정(精, せい), 제(製, せい), 세(税, ぜい), 책(責, せき), 적(績, せき), 접(接, せつ), 설(設, せつ), 절(絶, ぜつ), 조(祖, そ), 소(素, そ), 총(総, そう), 조(造, ぞう), 상(像, ぞう), 증(増, ぞう), 측(則, そく), 측(測, そく), 속(属, ぞく), 솔(率, そつ), 손(損, そん), 대(貸, たい), 태

(態, たい), 단(団, だん), 단(断, だん), 축(築, ちく), 저(貯, ちょ), 장(張, ちょう), 정(停, てい), 제(提, てい), 정(程, てい), 적(適, てき), 통(統, とう), 당(堂, どう), 정(停, てい), 도(導, どう), 득(得, とく), 독(毒, どく), 독(独, とく), 임(任, にん), 연(燃, ねん), 능(能, のう), 파(破, は), 범(犯, はん), 판(判, はん), 판(版, ぱん), 비(比, ひ), 비(肥, ひ), 비(非, ひ), 비(費, ひ), 비(備, び), 평(評, ひょう), 빈(貧, びん), 포(布, ふ), 부(婦, ふ), 무(武, ぶ), 복(復, ふく), 복(複, ふく), 불(仏, ぶつ), 분(粉, ふん), 편(編, へん), 변(弁, べん), 보(保, ほ), 묘(墓, ぼ), 보(報, ほう), 풍(豊, ほう), 방(防, ぼう), 무(貿, ぼう), 폭(暴, ぼう), 맥(脈, みゃく), 무(務, む), 몽(夢, む), 미(迷, めい), 면(綿, めん), 수(輸, ゆ), 여(余, よ), 용(容, よう), 략(略, りゃく), 류(留, りゅう), 령(領, りょう), 력(歴, れき)

【6학년】

위(胃, い), 리(異, い), 유(遺, い), 역(域, いき), 우(宇, う), 영(映, えい), 연(延, えん), 연(沿, えん), 은(恩, おん), 아(我, が), 회(灰, かい), 확(拡, かく), 혁(革, かく), 각(閣, かく), 할(割, かつ), 주(株, **かぶ**), 간(干, かん), 권(巻, かん), 간(看, かん), 간(簡, かん), 위(危, き), 궤(机, き), 휘(揮, き), 귀(貴, き), 의(疑, ぎ), 흡(吸, きゅう), 공(供, きょう), 흉(胸, きょう), 향(郷, きょう), 근(勤, きん), 근(筋, きん), 계(系, けい), 경(敬, けい), 경(警, けい), 극(劇, げき), 극(激, げき), 혈(穴, けつ), 권(券, けん), 견

(絹, けん), 권(権, けん), 헌(憲, けん), 원(源, げん), 엄(厳, げん), 기(己, こ), 호(呼, こ), 오(誤, ご), 후(后, ごう), 효(孝, こう), 황(皇, こう), 홍(紅, こう), 강(降, こう), 강(鋼, こう), 각(刻, こく), 곡(穀, こく), 골(骨, こつ), 곤(困, こん), 사(砂, さ), 좌(座, ざ), 제(済, さい), 재(裁, さい), 책(策, さく), 책(冊, さく), 천(蚕, さん), 지(至, し), 사(私, し), 자(姿, し), 시(視, し), 사(詞, し), 지(誌, し), 자(磁, じ), 사(射, しゃ), 사(捨, しゃ), 척(尺, しゃく), 약(若, じゃく), 수(樹, じゅ), 수(収, しゅう), 종(宗, しゅう), 취(就, しゅう), 중(衆, しゅう), 종(従, じゅう), 종(縦, じゅう), 축(縮, しゅく), 숙(熟, じゅく), 순(純, じゅん), 처(処, しょ), 서(署, しょ), 제(諸, しょ), 제(除, じょ), 승(承, しょう), 장(将, しょう), 상(傷, しょう), 장(障, しょう), 증(蒸, じょう), 침(針, しん), 인(仁, じん), 수(垂, すい), 추(推, すい), 촌(寸, すん), 성(盛, せい), 성(聖, せい), 성(誠, せい), 설(舌, ぜつ), 선(宣, せん), 전(専, せん), 천(泉, せん), 세(洗, せん), 염(染, せん), 전(銭, せん), 선(善, ぜん), 주(奏, そう), 창(窓, そう), 창(創, そう), 장(装, そう), 층(層, そう), 조(操, そう), 장(蔵, ぞう), 장(臓, ぞう), 존(存, そん), 존(尊, そん), 퇴(退, たい), 택(宅, たく), 담(担, たん), 탐(探, たん), 탄(誕, たん), 단(段, だん), 난(暖, だん), 치(値, ち), 주(宙, ちゅう), 충(忠, ちゅう), 저(著, ちょ), 청(庁, ちょう), 정(頂, ちょう), 장(腸, ちょう), 조(潮, ちょう), 임(賃, ちん), 통(痛, つう), 적(敵, てき), 전(展, てん), 토(討, と), 당(党, とう), 당(糖, とう), 계(届, とどく), 난(難, なん), 유(乳, にゅう), 인(認, にん), 납(納, のう), 뇌(脳, の

う), 파(派, は), 배(拝, はい), 배(背, はい), 폐(肺, はい), 배(俳, はい), 반(班, はん), 만(晩, ばん), 부(否, ひ), 비(批, ひ), 비(秘, ひ), 표(俵, ひょう), 복(腹, ふく), 분(奮, ふん), 병(並, へい), 폐(陛, へい), 폐(閉, へい), 편(片, へん), 보(補, ほ), 모(暮, ぼ), 보(宝, ほう), 방(訪, ほう), 망(亡, ぼう), 망(忘, ぼう), 봉(棒, ぼう), 매(枚, まい), 막(幕, まく), 밀(密, みつ), 맹(盟, めい), 모(模, も), 역(訳, やく), 우(郵, ゆう), 우(優, ゆう), 예(預, よ), 유(幼, よう), 욕(欲, よく), 익(翌, よく), 란(乱, らん), 란(卵, らん), 람(覧, らん), 리(裏, り), 률(律, りつ), 림(臨, りん), 랑(朗, ろう), 론(論, ろん)

음독과 훈독이 무엇인가요?

미야자키 하야오(宮崎駿) 감독의 애니메이션 중에『센과 치히로의 행방불명』이 있습니다. 일본에서는 2001년 7월에 상영됐고, 한국에서는 그 이듬해인 2002년 6월에 공개됐습니다. 우리말로 번역된『센과 치히로의 행방불명』의 일본어 원제는『千と千尋の神隠し』입니다. 제목을 히라가나로 표기하면 'せんとちひろのかみかくし'가 됩니다. 우리말 제목과 일본어 제목을 비교해보면 일본어한자읽기의 측면에서 흥미로운 부분이 있습니다.

우선 우리말 '행방불명'과 일본어 神隠し(かみかくし)입니다. '행방불명'이란 '간 곳이나 방향을 알지 못 한다'는 의미입니다. 이에 대해 神隠し(かみかくし)는 아이가 갑자기 보이지 않게 된 것을 말하며 민간 신앙에서는 도깨비(鬼) 등이 아이를 감추었다고 믿었습니다. 곧 神隠し(かみかくし)는 민간 신앙과 밀접한 관련이 있습니다. 애니메이션『센과 치히로의 행방불명』을 보신 적이 있는 분은 이해하기 쉬울 것입니다.

'행방불명'을 한자로 쓰면 行方不明이 됩니다. 일본어한자어도 동일합니다. 다만 일본어로는 'ゆくえふめい'라고 읽습니다. 이처럼 일본어한자어에 行方不明(ゆくえふめい)라는 표현이 있지만 애니메이션의 원제에서는 이것을 쓰지 않고 神隠し(かみかくし)를 차용했습니다. 의미가 다르기 때문입니다. 문제는 神隠し(かみかくし)를 우리말로 옮길 때 적당한 용어가 없다는 것입니다. 그러기에 번역할 때 그냥 '행방불명'으로 표현할 수밖에 없었습니다.

다음은 일본어 음독 그리고 훈독과 관련된 것입니다. 원제『千と千尋の神隠し』에는 '천(千)'이라는 한자가 두 번 나옵니다. 千(せん)과 千尋(ちひろ)입니다. 그런데 앞의 천(千)은 일본어로 'せん'이라고 발음하고, 뒤의 천(千)은 'ち'라고 읽습니다. 동일한 일본어 한자인데도 그 발음이 다릅니다. 전자는 천(千)을 일본어로 음독한 것이고, 후자는 훈독한 것입니다. 예컨대 음독한 千(せん)에는 千円(せんえん, 천 엔), 千年(せんねん, 천년), 千字文(せんじもん, 천자문) 등이 있습니다. 한편 훈독한 千(ち)가 쓰인 어휘로는 홋카이도에 있는 지명인 新千歳(しんちとせ)가 있습니다. 또한 千歳飴(ちとせあめ)라는 홍색과 백색으로 된 가래엿도 있습니다. 여기서 飴(あめ)는 엿이라는 말입니다.

그렇다면 음독은 무엇일까요? 당연한 말입니다만 일본에 한자라는 문자가 들어오기 전에 일본인은 말을 하고 있었습니다. 그런데 한자 천(川)이 유입되면서 이 한자의 당시 중국한자음도 같이 들어왔습니다. 그 한자음을 가능한 원음에 가깝게 말한 것이 'sen'이었고, 그것을 일본어문자로 표기하면 'せん'이 됐습니다. 결국 음독이란 중국한자음을 흉내 낸 것이라고 생각하면 될 것 같습니다. 그래서 일본어한자어 川의 음독은 'せん'이 됐습니다.

한편 우리말의 '강'에 해당하는 천(川)이 일본에 들어오기 전에

일본인은 '강'을 보고 'kawa'라고 발음했습니다. 이후 천(川)이 그들이 말하던 'kawa'와 개념이 같다는 것을 알게 됐습니다. 그래서 川을 'かわ'라고 적었습니다. 이와 같이 일본의 고유어(かわ)를 중국 한자(川)에 댄 것이 훈독입니다. 그 결과 일본어한자어 川의 훈독은 'かわ'가 됐습니다. 이것을 간단히 정리하면 다음과 같습니다.

【내 천(川)】
1. 의미: 강
2. 음독: [せん] 河川(かせん) 하천
3. 훈독: [かわ] 川(かわ)の水(みず) 강물

일본어한자읽기는 모두 몇 가지인가요?

일본어한자읽기가 어려운 것은 일본어한자가 음독과 함께 훈독을 하고, 또한 음독이나 훈독이 2개 이상인 경우가 드물지 않은 데 있습니다. 예컨대 일본어한자 生(せい, 생)을 보겠습니다. 이것의 음독에는 'せい'뿐만이 아니라 'しょう'도 있습니다. 음독 'せい'의 용례에는 生活(せいかつ, 생활)과 人生(じんせい, 인생) 등이 있습니다. 음독 'しょう'의 용례에는 生涯(しょうがい, 생애)와 一生(いっしょう, 일생) 등이 있습니다.

한편 生(せい)의 훈독은 더욱 다양합니다. 生きる(いきる, 살다), 生かす(いかす, 살리다), 生む(うむ, 낳다), 生まれる(うまれる, 태어나다), 生える(はえる, 자라다), 生やす(はやす, 자라게 하다), 生(なま, 날것) 등 머리가 어지러울 정도입니다. 사실 生(せい)의 훈독은 이것 말고 더 있습니다.

그런데 일본어한자읽기가 더욱 어려운 것은 규칙이 있기는 합니다만, 예외가 너무 많다는 것입니다. 2개의 한자로 이루어진 한자어는 '음독+음독' 혹은 '훈독+훈독'으로 읽는 것이 규칙입니다. 예컨대 우리말 '학생'의 일본어한자 学生은 学(학)을 'がく'라고 음독을 하니, 生(생)도 음독을 하여 'せい'라고 읽어서 'がくせい'가 되는 것입니다. 한편 '날것'을 뜻하는 일본어한자는 生物(なまもの)입니다. 여기서 뒤에 오는 한자를 物(もの)라고 훈독을 하니, 앞에 오는 한자도 훈독을 하여 生(なま)라고 읽습니다. 동일한 한자어이지만 生物(せいぶつ)라고 발음하면 '생물'이나 '무생물'을 말할 때의 '생물'이 됩니다.

그런데 앞에서 언급했던 2개의 한자로 구성된 한자어는 음독+음독 혹은 훈독+훈독으로 읽는다는 규칙이 지켜지지 않는 경우가 적지 않습니다. '마당 장(場)'을 예로 들어 설명해 보겠습니다. 이 일본어한자를 음독하면 'じょう'가 되고, 훈독하면 'ば'가 됩니다. '장소의 내부'를 뜻하는 場内(じょうない)는 음독+음독의 예입니다. '경우'를 의미하는 場合(ばあい)는 훈독+훈독의 예입니다.

그런데 장소(場所)를 나타내는 일본어한자는 뭐라고 읽을까요? 장소는 일본어한자 場(장)과 所(소)로 구성됩니다. 이것을 음독+음독으로 읽으면 'じょうしょ'가 되고, 훈독+훈독으로 하면 'ばところ'가 됩니다. 정답은 어느 쪽도 아닙니다. 'ばしょ'라고 읽습니다. 곧 훈독+음독을 합니다. 이와 같이 훈독+음독으로 읽는 일본어한자읽기를 전문용어로 湯桶読み(ゆとうよみ)라고 합니다. 場所(ばしょ)가 훈독+음독인 것을 생각하면 우리가 사용하는 '장소'라는 말이 사실은 일본에서 유래한 일본어한자어라는 것을 알 수 있습니다.

그렇다면 이번에는 공장(工場)을 나타내는 일본어한자는 뭐라고 읽을까요? 공장은 일본어한자 工(공)과 場(장)으로 이루어져 있습니다. 이 한자어를 음독+음독으로 발음하면 'こうじょう'가 됩니다. 예컨대 '현대자동차공장'의 '공장'을 일본어로 'こうじょう'라고 읽습니다. 하지만 규모가 작은 영세한 공장을 의미하는 일본어한자는 町工場(まちこうば)라고 읽습니다. 곧 여기서는 공장을 工場(こうば)라고 음독+훈독으로 읽습니다. 이런 일본어한자읽기를 전문용어로 重箱読み(じゅうばこよみ)라고 합니다.

결국 일본어한자읽기의 경우의 수는 총 4가지입니다. 규칙은 있습니다만 예외가 너무 많기에 그때그때 외울 수밖에 없습니다. 다만, 이것은 한국인 학습자뿐만이 아니라 원어민인 일본인도 마찬가지입니다. 물론 그들이 우리보다는 유리한 환경에 있기는 합니다만 말입니다.

상용한자가 무엇인가요?

　일본의 거리를 거닐다보면 약국 문에 붙어 있는 흥미로운 일본어한자어를 봅니다. 우리말의 처방전에 해당하는 일본어한자어를 処方箋이라고 적지 않고, '処方せん'이라고 적었기 때문입니다. 이 한자어는 일본어로 'しょほうせん'이라고 읽습니다. 또한 일본 서적을 읽다보면 우리말 어휘에 해당하는 일본어한자어를 '語い'라고 적는 경우도 보게 됩니다. 이 한자어는 일본어로 'ごい'라고 읽습니다. 이것만이 아닙니다. 각성제를 覚醒剤라고 적지 않고 '覚せい剤'라고 한다거나, 종양을 腫瘍이라고 하지 않고 'しゅよう'라고 하는 것도 보게 됩니다. 우울증인 'うつびょう'도 欝病라고 적지 않고 'うつ病'라고 적습니다.

　대체 왜 이와 같은 이상한 표기를 하는 것일까요? 그것은 処方箋(처방전)의 箋(전)이, 語彙(어휘)의 彙(휘)가 2010년 이전에는 常用漢字(じょうようかんじ, 상용한자)에 포함되지 않았기 때문입니다. 覚醒剤(각성제)의 醒(성)도, 腫瘍(종양)도, 欝病(우울증)의 欝(울)도 모두 같은 이유로 일본어한자를 쓰지 않았습니다. 이렇게 상용한자를 정하여 한자의 숫자를 제한하는 것은 일본어한자를 배우는 학습자의 공부 부담을 줄이고, 인쇄나 통신의 효율을 생각했기 때문입니다.

상용한자라는 것은 일본의 일반 시민이 일상적으로 많이 사용하는 한자를 말합니다. 1981년에는 그 숫자를 1945자로 제한했고, 2010년에는 2136자로 그 수를 조금 늘렸습니다. 앞에서 예시한 箋(せん, 전)과 彙(い, 휘) 등은 2010년에 새롭게 상용한자에 추가됐습니다. 따라서 최근에는 '処方せん'보다는 処方箋으로 표기한 사례가 늘고 있습니다.

결국 한국인 학습자는 2010년에 새로 개정된 상용한자에 들어가는 일본어한자는 가능한 알아 두는 것이 좋습니다. 왜냐하면 이 정도의 일본어한자만 읽고 쓸 수 있다면 일본인과 대화하거나 일본 서적을 읽는데 큰 문제가 없기 때문입니다.

2010년 개정에 새롭게 추가된 상용한자 가운데 자주 쓰는 일본어한자에는 臆(おく, 억), 昧(まい, 매), 瞭(りょう, 료) 등이 있습니다. 이들 일본어한자가 들어가는 단어에는 '겁이 많음'을 뜻하는 臆病(おくびょう)와 함께 曖昧(あいまい, 애매)와 明瞭(めいりょう, 명료) 등이 있습니다.

일본어한자는 다른데 발음이 같은 경우가 많나요?

일본인과 일본어로 대화를 나누다가 가끔 "어떤 한자를 쓰나요?"라고 물어보는 경우가 있습니다. 또는 한컴오피스를 활용하여 일본어로 글을 쓸 때면 반드시 사용하는 기능이 있습니다. 바로 한자 전환 기능입니다. 왜 "어떤 한자를 쓰나요?"라고 묻고, 한자 전환 기능을 사용할까요? 일본어한자에는 異字同訓(いじどうくん, 이자동훈) 혹은 同訓異字(どうくんいじ, 동훈이자)인 일본어한자가 많기 때문입니다. 일본어한자는 다른데 그 발음이 같은 것이 적지 않다는 것입니다.

명사를 살펴보겠습니다. 'あと'로 읽는 일본어한자에는 後(뒤), 跡(자국) 등이 있고, 'こと'로 읽는 일본어한자에는 事(일), 言(말), 琴(거문고) 등이 있습니다. 예컨대 신카이 마코토(新海誠) 감독의 『언어의 정원』이라는 애니메이션이 있습니다. 원제는 『言の葉の庭』입니다. 히라가나로 적으면 'ことのはのにわ'가 됩니다. 이 『言の葉の庭』에 나오는 言(こと)가 '말씀 언(言)'을 'こと'로 읽는 경우입니다.

'なみ'로 읽는 일본어한자에는 波(파도)와 並(보통)가 있습니다. 波(なみ)는 파도를 뜻합니다. 일본의 라면집에서 並(なみ)라고 말하면 양이 보통인 것을 가리키고, '大盛り(おおもり)'라고 하면 양이 많은 것을 말합니다. '大盛り(おおもり)'는 우리식의 말하면 곱빼기에 해당합니다.

동사를 검토해보겠습니다. 'あう'에는 '合う(맞다)', '会う(만나다)' 등이 있고, 'あける'에는 '開ける(열다)', '空ける(비우다)', '明ける(새다, 해가 바뀌다)'가 있습니다. 이를테면 일본에서는 새해가 되면 '새해 복 많이 받으세요.'라는 뜻으로 「明(あ)けましておめでとうございます。」라고 말합니다. 이 표현에 나오는 '明けまして(あけまして)'는 '明ける(あける)'에서 온 것입니다.

'かく'에는 '欠く(없다)', '掻く(긁다)', '書く(쓰다)', '描く(그리다)' 등이 있습니다. 예컨대 '物書き(ものかき)'라고 하면 문필가가 되고, '絵描き(えかき)'라고 하면 화가가 됩니다. 이들 단어에 나오는 'かき'의 한자가 다르다는 것에 주의할 필요가 있습니다.

'のる'애는 '乗る(타다)'와 '載る(실리다)'가 있습니다. 지하철을 탈 때는 '乗る(のる)'를 쓰고, 신문 등에 기사를 실을 때는 '載る(のる)'를 써야 합니다.

형용사를 보겠습니다. 'あつい'에는 '熱い(뜨겁다)', '暑い(덥다)', '厚い(두껍다)', '篤い(두텁다)'가 있습니다. 사랑하는 연인 사이가 '뜨겁다'라고 할 때는 '熱い(あつい)'를 사용해야 합니다. 특히 연인 사이가 아주 뜨거울 때는 熱熱(あつあつ)라고 말합니다. 얼굴이 두껍다 곧 뻔뻔스럽다고 말하고 쓰고 싶을 때는 '厚い(あつい)'를 써야 하고, 신앙심이 깊을 때는 '篤い(あつい)'를 써야 합니다.

'やさしい'에는 '易しい(쉽다)', '優しい(상냥하다)'가 있습니다. 일본인은 '優しい(やさしい)'라는 말을 자주 씁니다. 남편이 아내에게 다정다감할 때 아내는 남편에게 '優しい(やさしい)'라는 말을 써서 상대방을 칭찬합니다. 특히 일본인은 연애나 결혼 상대를 고를 때 조건으로 '優しい(やさしい)'가 반드시 들어간다고 말해도 과언이 아닙니다. '優しい(やさしい)'는 우리말로 상냥하다, 다정다감하다. 친절하다, 부드럽다 등으로 옮길 수 있지만 거의 번역불가능한 말이라고 생각합니다.

이밖에는 일본어한자어와 관련된 어휘에는 이자동훈 혹은 동훈이자가 무척 많습니다. 이것을 '번거롭다' 혹은 '어렵다'고 생각할 수도 있고, 반대로 '재미있다' 혹은 '흥미롭다'고 받아들일 수도 있습니다. 이왕이라면 '재미있다'·'흥미롭다'라고 생각하면서 발음은 같은데 표기가 다른 일본어한자를 즐기는 것이 어떨까요? 어차피 할 것이라면 말입니다.

일본어한자에 붙어 있는 '가나'는 무엇인가요?

일본에서 유학했을 때 시민들과 교류를 많이 했습니다. 그들과 처음 만났을 때 반드시 받는 것이 있었습니다. 명함입니다. 그런데 일본인이 사용하는 명함과 우리가 쓰는 명함에는 큰 차이가 있습니다. 첫째, 일본인은 자신의 휴대폰 번호를 명함에 잘 적지 않습니다. 휴대폰 번호는 개인정보라는 인식이 강하기 때문입니다. 따라서 연락하고 싶으면 직장으로 전화를 해야 합니다. 웬만해서는 휴대폰 번호를 알려주지 않습니다. 둘째, 명함에 히라가나 혹은 가타카나로 자신의 이름을 어떻게 읽는지를 표시하고 있습니다. 예컨대 일본의 유명한 고전학자에 이토 하쿠(伊藤博)라는 연구자가 있었습니다. 그의 명함을 직접 본 적은 없지만 아마도 伊藤博라고 했을 겁니다. 이처럼 한자의 위나 아래에 그 한자를 어떻게 읽는지를 알려주는 '가나(がな)'를 振りがな(ふりがな)라고 합니다. 또는 読み仮名(よみがな)라고도 합니다. 자주 쓰는 표현입니다. 알아두면 유용하게 쓸 수 있습니다.

그런데 왜 이와 같이 번거로운 일을 할까요? 바로 일본어한자 특히 일본인의 인명에 쓰이는 한자 읽기가 외국인뿐만이 아니라 일본인에게도 어렵기 때문입니다. 앞에서 예시한 이토 하쿠(伊藤博)입

니다만, 여기에 나오는 博(はく)는 博(ひろし)라고도 읽힙니다. 아니 오히려 이름에서는 博(はく)보다는 博(ひろし)라는 읽기가 더 일반 적입니다.

예를 들어 일본의 성(姓) 중에 左右(좌우)라는 것이 있습니다. 이 때 성(姓)은 보통 名字(みょうじ)라고 합니다만, 左右(좌우)는 뭐라고 읽으면 좋을까요? 일반적으로 왼쪽과 오른쪽을 의미하는 左右(좌우)는 'さゆう'라고 읽습니다. 그런데 정답은? 'あてら'입니다. 百々(백백)이라는 성도 있습니다. 이것은 뭐라고 읽을까요? 'どど'라고 읽습니다. 정말이지 일본인의 성명, 특히 성은 읽기 어려운 경우가 적지 않습니다.

일본에서 많이 쓰는 성은 대체적으로 다음과 같습니다. 알아두면 편리할 것이라고 생각합니다.

佐藤(さとう), 鈴木(すずき), 高橋(たかはし), 田中(たなか), 渡辺(わたなべ), 伊藤(いとう), 山本(やまもと), 中村(なかむら), 小林(こばやし), 加藤(かとう), 吉田(よしだ), 和田(わだ), 山田(やまだ), 中山(なかやま), 佐々木(ささき), 藤原(ふじわら), 山口(やまぐち), 石田(いしだ), 斎藤(さいとう), 上田(うえだ), 松本(まつもと), 森田(もりた), 井上(いのうえ), 原(はら), 木村(きむら), 柴田(しばた), 林(はやし), 酒井(さかい), 清水(しみず), 工藤(くどう), 山崎(やまざき), 横山(よこやま), 森(もり), 宮崎(みやざき), 阿部(あべ), 宮本(みやもと), 池田(いけだ), 内田(うちだ), 橋本(はしもと), 高木(たかぎ), 山下(やました), 安藤(あん

どう), 石川(いしかわ), 谷口(たにぐち), 中島(なかじま), 大野 (おおの), 前田(まえだ), 丸山(まるやま), 藤田(ふじた), 今井 (いまい), 小川(おがわ), 高田(たかだ), 後藤(ごとう), 藤本(ふじ もと), 岡田(おかだ), 武田(たけだ), 長谷川(はせがわ), 村田 (むらた), 村上(むらかみ), 上野(うえの), 近藤(こんどう), 杉山 (すぎやま), 石井(いしい), 増田(ますだ), 斉藤(さいとう), 平野 (ひらの), 坂本(さかもと), 大塚(おおつか), 遠藤(えんどう), 千 葉(ちば), 青木(あおき), 久保(くぼ), 藤井(ふじい), 松井(まつ い), 西村(にしむら), 小島(こじま), 福田(ふくだ), 岩崎(いわさ き), 太田(おおた), 桜井(さくらい), 三浦(みうら), 野口(のぐち), 岡本(おかもと), 松尾(まつお), 松田(まつだ), 野村(のむら), 中 川(なかがわ), 木下(きのした), 中野(なかの), 菊地(きくち), 原 田(はらだ), 佐野(さの), 小野(おの), 大西(おおにし), 田村(た むら), 杉本(すぎもと), 竹内(たけうち), 新井(あらい), 金子(か ねこ), 浜田(はまだ)

일본어한자어에 '가나'가 있는 이유는 무엇인가요?

일본어한자읽기는 어렵습니다. 몇 번 언급했듯이 음독과 훈독이 있기 때문입니다. 또한 음독이나 훈독도 하나가 아니라 여러 개가 있는 경우가 있기 때문입니다. 이런 어려움은 비단 한국인 학습자에게만 국한된 것이 아닙니다. 사실 원어민인 일본인도 정도의 차이는 있지만 어렵기는 마찬가지입니다.

예를 들어 일본어한자어 思考(사고)는 일본어로 어떻게 발음할까요? 네, 맞습니다. 'しこう'라고 읽습니다. 일본어한자 思(사)의 음독이 'し'이고, 考(고)의 음독이 'こう'이기 때문입니다. 그러면 우리말의 '생각하다'에 해당하는 일본어 '思う'는 어떻게 읽을까요? 思의 음독이 'し'이니까 'しう'라고 읽을까요? 아쉽게도 그렇게 읽지 않습니다. 'おもう'라고 읽습니다. 왜냐하면 일본어한자 思의 훈독이 'おもう'이기 때문입니다. 그렇다면 '생각'에 해당하는 일본어 '思い'는 어떻게 읽을까요? 그렇습니다. 'おもい'라고 읽습니다. 왜냐하면 思의 훈독이 'おもう'이기에 그 명사형인 '思い'에 나오는 思는 훈독을 하여 'おもい'라고 읽는 것입니다. 여기서 알 수 있는 것은 일본어한자어에 나오는 가나(かな)는 그 한자를 어떻게 읽을 것인가를 알려주고 있다는 것입니다. 한마디로 힌트를 주고 있다고 생각하면 됩니다. 이처럼 '思う(おもう)'에 나오는 'う'를 일본어학의 전문용어로 말하면 送り仮名(おくりがな)라고 합니다. 직역하면 '(뒤로) 보낸 가나'입니다. 곧 한자 뒤에 붙는 가나입니다. 예컨대 '明かり', '明るい', '明ける', '明らか'에 나오는 한자 뒤의 '가나'인 'かり', 'るい', 'ける', 'らか'가 각각 그것에 해당합니다.

'서다'는 뜻을 나타내는 立(립)라는 일본어한자가 있습니다. 이것을 음독하면 'りつ'라고 읽습니다. 훈독하면 'たてる' 혹은 'たつ'라고 읽습니다. 'たてる'는 '세우다'로 타동사이고, 'たつ'는 '서다'로 자동사입니다. 그렇다면 일본어한자어 設立(설립)는 어떻게 읽을까요? 設(설)의 음독이 'せつ'이고, 立(립)의 음독이 'りつ'이기에 'せつりつ'라고 읽으면 됩니다. 그렇다면 '立てる'는 어떻게 읽을까요? 立의 음독이 'りつ'이니까 'りつてる'라고 발음할까요? 그렇지 않습니다. 'てる'라는 가나는 '立てる'를 'たてる'로 발음한다는 것을 알려주고 있습니다. 너무 쉬운가요?

그럼 문제를 내겠습니다. 일본어한자 送(송)은 음독을 하면 'そう'이고, 훈독을 하면 'おくる'가 됩니다. 우리말의 '송별회'인 일본어한자어 送別会는 뭐라고 읽을까요? 送의 음독은 'そう'이고, 別(별)의 음독은 'べつ'이고, 会(회)의 음독은 'かい'입니다. 그렇습니다. 'そうべつかい'라고 읽습니다. 그렇다면 배웅과 마중을 뜻하는 일본어한자어 '送り迎え'는 어떻게 읽을까요? 맞습니다. 'おくりむかえ'라고 읽습니다. 送(そう)의 훈독이 'おくる'이고, 迎(げい)의 훈독이 'むかえる'이기 때문입니다. '送り迎え'에 나오는 '送り'의 'り'가 이 일본어한자를 'おくり'라고 읽는 것을 알려주고 있습니다. 마찬가지로 '迎え'에 보이는 'え'가 이 일본어한자를 'むかえ'라고 읽는 것을 말해주고 있습니다. 여기서 마지막으로 한 문제 더 출제하겠습니다. 일본어한자어 送迎은 어떻게 읽을까요? 'そうげい'라고 발음합니다. 음독하고 있는 것입니다. 迎의 음독은 'げい'입니다.

우리가 보면 굉장히 복잡하고 번거로운 일본어한자읽기입니다만, 일본인은 오히려 이것을 즐기고 있는 것 같다는 생각이 들 때가 적지 않습니다. 일본어한자읽기 능력을 하나의 교양으로 생각하기 때문입니다.

한자의 의미와 관계없는 일본어한자읽기도 있나요?

반복해서 말하지만 일본어한자읽기는 쉽지 않습니다. 일본어한 자에 음독과 훈독이 있고, 그 음독과 훈독이 복수일 경우가 적지 않 기 때문입니다. 그것만이 아닙니다. 한자의 의미와 전혀 관계없는 일본어한자읽기가 있기 때문이기도 합니다.

저는 커피를 무척 좋아합니다. 하지만 냉커피는 마시지 않습니다. 냉커피에서는 커피 향을 제대로 음미할 수 없기 때문입니다. 그래서 저는 한여름에도 꼭 따뜻한 커피만 마십니다. 저는 커피를 두 번 마 십니다. 한 번은 내음으로 마시고, 또 한 번은 맛으로 마십니다. 그러 기에 커피 마시는 속도가 좀 느린 편입니다.

커피를 좋아하는 제가 1990년대 말에 일본에 처음 갔을 때 일본의 커피자판기에 두 번 놀랐습니다. 첫 번째로 놀란 것은 자판기에서 원 두커피를 마실 수 있다는 것이었습니다. 그때만 해도 우리나라의 커 피자판기에는 흔히 말하는 '다방 커피'만 있었기 때문입니다. 두 번 째로 놀란 것은 자판기 커피의 가격이었습니다. 우리의 자판기 커피 가격과 비교하면 10배 정도 비쌌기 때문입니다.

흥미로웠던 것은 커피자판기에 珈琲(가배)라는 글자가 있었습니

다. '머리꾸미개 가(珈)'와 '구슬꿰미 배(琲)'. 당시 일본어 실력이 부족했던 저는 珈琲가 무엇인지, 왜 커피자판기에 이 일본어한자어가 있는지 알지 못했습니다. 珈琲라는 한자어는 커피자판기에만 있는 것이 아니었습니다. 커피숍의 상호에도 'ㅇㅇ珈琲'라고 적혀 있었습니다. 일본생활이 길어지면서 일본어한자어 珈琲를 'コーヒー'라고 읽는다는 것을 알게 되었습니다. 珈琲는 'コーヒー(coffee)'였던 것입니다.

이와 같이 한자의 의미와 관계없이 한자의 음이나 훈을 빌려서 쓴 일본어한자어를 当て字(あてじ)라고 합니다. 곧 珈(か)라고 읽는 일본어한자와 琲(ひ)라고 읽는 일본어한자를 가져와서 영어 coffee의 발음을 나타냈던 것입니다. 외래어를 한자로만 표기할 때 이런 当て字(あてじ)를 쓸 수 있습니다. 예를 들어 미국을 가타카나로 적으면 'アメリカ'라고 적습니다만 예전에는 '亜米利加'라고 한자로 표기했었습니다. 亜(あ), 米(め), 利(り), 加(か)로 읽기 때문입니다. 또한 미국을 일본어한자어로 적으면 米国라고 적습니다. 이 米国라는 표기는 '亜米利加'의 米에 国를 붙인 것입니다. 米의 음독은 'べい'이고, 国의 음독은 'こく'입니다. 그래서 일본어한자어로 표기한 미국을 米国(べいこく)라고 읽습니다. 마찬가지로 아시아는 현재 'アジア'로 적습니다만, 이전에는 亜細亜(아세아)라고도 했습니다. 예전에는 국내에서 출판된 저서에 '아세아'라는 말을 자주 썼습니다. 고려대학교에 아세아문제연구소가 있는데, 여기서 지금도 그 흔적을 엿볼 수 있습니다. 프랑스 곧 'フランス'의 当て字(あてじ)는 仏蘭西입니다. 이 한자어의 우리말 표기는 불란서입니다. 이 말도 예전에는 흔히 썼습니다.

그런데 当て字(あてじ)는 외래어 표기에만 보이는 것이 아닙니다. '멋지다'에 해당하는 'すてき'라는 고유일본어가 있습니다. 이것은 素敵, 素的, 素適라고 표기할 수도 있는데, 이렇게 쓰면 当て字(あてじ)가 됩니다.

'축하하다'라는 'めでたい'를 '目出度い'라고 적으면, '촌스러움'의 'やぼ'를 野暮로 적으면, '놀리다'의 'ちゃかす'를 '茶化す'로 적으면 当て字(あてじ)가 됩니다.

이밖에 자주 쓰는 当て字(あてじ)에는 다음과 같은 것이 있습니다. 兎角(とかく, 아무튼), 背広(せびろ, 양복), 矢張(やはり, 역시), 出鱈目(でたらめ, 허튼 소리), 型録(カタログ, 카탈로그), 五月雨(さみだれ, 여름 장마), 紅葉(もみじ, 단풍)

일본어한자어에는 어떤 사자성어가 있나요?

일본인과 대화를 나누다보면 그들이 우리보다 사자성어(四字成語)를 적게 사용한다는 것을 알 수 있습니다. 이 사자성어를 일본어에서는 四字熟語(よじじゅくご, 사자숙어)라고 부릅니다.

그렇다고 일본어에 사자성어가 없는 것이 아닙니다. 우리가 쓰는 사자성어와 동일한 것으로는 여러 가지가 있는데 몇 가지를 예시하면 다음과 같습니다.

切磋琢磨(せっさたくま, 절차탁마)는 중국의 고전인『시경(詩經)』에 나오는 말로 학문과 덕행을 갈고 닦는 것 혹은 서로 격려하고 노력하는 것을 뜻합니다.

他山之石(たざんのいし, 타산지석)도 그 출전이『시경』입니다. 자신의 수양에 도움이 되는 다른 사람의 잘못된 언행이나 실패를 가리킵니다.

傍若無人(ぼうじゃくぶじん, 방약무인)은『사기(史記)』에 나오는 말로 타인 앞에서 아무 거리낌도 없이 제멋대로 행동하는 것을 의미합니다.

以心伝心(いしんでんしん, 이심전심)은 불교의 선종과 관련된 용어입니다. 말로 표현하지 않아도 마음에서 마음으로 전해지는 것을

말합니다. 우리도 이 사자성어를 자주 쓰는 편인데, 일본인도 마찬가지입니다.

溫故知新(おんこちしん, 온고지신)은 『논어』에 나오는 말입니다. 옛 것을 음미하고 연구하여 거기서 새롭고 참신한 아이디어를 구한다는 말합니다. 예전에 우리는 이 사자성어를 많이 썼지만 지금은 그다지 쓰지 않는 것 같습니다. 언제부터인가 옛것에서 새로운 가치를 발견하기보다는 그냥 새로운 것을 쫓아가는 것 같습니다.

一石二鳥(いっせきにちょう, 일석이조)는 영어 'To kill two birds with one stone.'에서 유래한 표현이라고 합니다. 좀 의외입니다. 우리도 일본인도 자주 쓰는 표현입니다. 비슷한 사자성어로는 一擧両得(いっきょりょうとく, 일거양득)이 있습니다.

二律背反(にりつはいはん, 이율배반)은 독일 철학자 칸트의 antinomy의 번역어라고 합니다. 이것도 예상 밖입니다. 모순되는 두 명제가 서로 타당해 보일 때 씁니다.

朝三暮四(ちょうさんぼし, 조삼모사)는 그 출전이 『열자(列子)』입니다. 저는 이 사자성어를 중학교 한문 시간에 배웠던 것으로 기억합니다. 이야기에 나오는 원숭이 관련 고사가 너무 재미있었습니다.

臥薪嘗胆(がしんしょうたん, 와신상담)은 중국의 춘추시대를 배경으로 한 사자성어입니다. 후일의 성공을 위해서 오랫동안 괴롭고 힘든 고행을 감수하는 것을 말합니다.

大器晩成(たいきばんせい, 대기만성)는 우리도 일본인도 자주 사용하는 사자성어입니다. 『노자(老子)』에 나오는 것으로 큰 인물의 재능이 드러나는 데는 시간이 걸린다는 말입니다.

그런데 같은 사자성어이지만 그 의미가 미묘하게 다른 것도 있습니다. 예컨대 팔방미인과 八方美人(はっぽうびじん, 팔방미인)이 대표적입니다. 우리는 팔방미인을 아주 좋은 의미로 사용합니다. 그러나 일본어의 八方美人(はっぽうびじん)은 부정적으로 쓰입니다. 모든 이에게 잘 보이기 위해 약삭빠르게 행동하는 사람을 경시할 때 씁니다.

한편 우리는 쓰지 않지만 일본에서는 자주 사용하는 사자성어도 있습니다. 一期一会(いちごいちえ, 일기일회)는 일본의 다도(茶道)에서 나오는 용어로 일생에 한 번뿐인 것을 가리킵니다. 만남을 소중히 여기는 말로 쓰입니다.

一視同仁(いっしどうじん, 일시동인)은 중국 당대의 시인인 한유(韓愈)의 한시에 나온다고 합니다. 모든 사람을 차별 없이 평등하게 사랑한다는 의미입니다. 이 사자성어는 일제강점기에 식민지 조선인을 일본인으로 만들려고 할 때 정치적 선전문구로 널리 사용됐습니다.

八紘一宇(はっこういちう, 팔굉일우)는 일본에서 가장 오래된 역사서인 『일본서기(日本書紀)』에 나오는 표현을 활용한 것입니다. 이 서명을 일본어로는 'にほんしょき'라고 읽습니다. 세계를 하나의 집으로 한다는 것으로 태평양전쟁기에 일본의 해외 침략을 정당화시키기 위해 만든 표어였습니다.

일본어한자어에 쓰이는 사자성어를 살펴보면 동아시아의 언어문화와 역사를 알 수 있습니다. 우리가 사자성어에 관심을 가질 이유가 충분히 있다고 생각합니다.

순행동화와 역행동화가 무엇인가요?

　책장을 일본어한자어로 本箱(ほんばこ)라고 합니다. 이 단어는 '책'인 本(ほん)과 '상자'인 箱(はこ)의 조합으로 이루어져 있습니다. 또한 일본어한자어에 簡易生命保險(かんいせいめいほけん, 간이생명보험)이라는 말이 있는데, 이것을 줄여서 簡保(かんぽ, 간보)라고 합니다. 흥미로운 것은 簡易生命保險(かんいせいめいほけん)에 나오는 保險(ほけん, 보험)의 保를 'ほ'라고 읽는데, 簡易生命保險(かんいせいめいほけん)을 줄인 말인 簡保(かんぽ)의 保는 'ぽ'라고 읽는 것입니다. 이런 사례는 적지 않습니다.

　시판되고 있는 일본어한자읽기 관련 서적에는 本箱(ほんばこ, 책장), 簡保(かんぽ, 간보)라고만 되어 있지 箱(はこ)를 本箱(ほんばこ)에서는 왜 'ばこ'라고 읽는지 설명되어 있지 않습니다. 이것은 簡保(かんぽ)도 마찬가지입니다.

　일본에서 유학할 때였습니다. 수업 시간에 지도교수님이 "本(ほん)+箱(はこ)는 本箱(ほんばこ)라고 발음하는데, 여기에 보이는 현상을 문법적으로 뭐라고 말하는지 아는 사람은 말해 보세요?"라고 질문하셨습니다. 이 수업은 일본의 '국어국문학'을 전공하는 학부생과 석사 및 박사과정생이 함께 참가하는 세미나였습니다. 질문에 대답하는 사람이 아무도 없었습니다. 유학생이었던 저는 조그마한 소리도 順行同化(じゅんこうどうか, 순행동화)라고 대답했습니다. 지도교수님은 깜짝 놀라시면서 "어떻게 알았냐?"고 되물었습니다. 우연히 정답을 말했을 뿐이라는 의미로 저는 「たまたま。」라고 일본어로 대답했습니다. 지도교수님은 順行同化(じゅんこうどうか)와 더불어 그 반대 현상인 逆行同化(ぎゃっこうどうか, 역행동화)를 설명하시면서 이 용어는 독일어를 번역한 것으로 번역어가 어렵다고 말씀하시면서 이 문법용어를 요즘 학생들은 잘 모른다면서 한탄하셨습니다.

제가 순행동화와 역행동화라는 말을 알게 된 것은 중학교 국어시간이었다고 생각합니다. 순행동화는 어떤 음운이 앞에 오는 음운의 영향을 받아서 그와 비슷하거나 같은 소리로 바뀌는 현상을 말하는 것입니다. 예컨대 '종로'를 '종노'라고 발음하는 것이 대표적입니다. 어떤 음운이 앞에 오는 음운의 영향을 받기 때문에, 곧 그 방향이 '⇨'이기에 순행((順行)이라고 한 것 같습니다. 반대로 역행동화는 어떤 음운이 뒤에 오는 음운의 영향을 받아서 그와 비슷하거나 같은 소리로 바뀌는 현상을 가리킵니다. 예를 들어 '맏며느리'를 '만며느리'라고 발음하는 경우가 여기에 들어갑니다.

그런데 제가 지도교수님에게 순행동화와 역행동화를 알게 된 경위에 대해 솔직하게 말씀 드리지 않은 것은 우리가 쓰는 국문법의 용어 대부분이 일본어한자어를 단지 우리식 한자발음으로 옮긴 것이기 때문입니다. 일본어한자어 順行同化(じゅんこうどうか)를 가져와서 순행동화로 썼듯이 말입니다.

그럼 일본어한자어에서 逆行同化(ぎゃっこうどうか)에는 어떤 것이 있을까요? 대표적인 예가 일본어 'ん'의 발음입니다. 일본어초급 시간에 'ん'은 m 혹은 n 등으로 발음된다고 배웠을 것입니다. 사실 이것은 역행동화 때문입니다. 꽁치를 일본어로 'さんま(samma)'라고 발음합니다. 여기서 'ん'은 m 발음입니다. 한편 여자는 일본어로 'おんな(onna)'라고 발음합니다. 여기서 'ん'은 n 발음입니다. 'さんま(samma)'의 'ん'의 발음은 뒤에 오는 'ま(ma)'의 영향으로 m 발음이 됩니다. 'おんな(onna)'도 같은 현상으로 'ん'을 n으로 발음하는 것입니다.

일본어한자어에 보이는 '々'는 무엇인지요?

제 인생에서 첫 번째 일본인 친구는 사사키 다쿠야(佐々木拓也) 입니다. 두 번째로 친하게 된 친구는 사사키 시노부(佐々木忍)였습 니다. 사사키 다쿠야는 당시 저보다 7살 정도 어렸던 대학생이었고, 사사키 시노부는 저보다 5살 어린 사회인이었습니다. 저는 이 두 佐々木(ささき)라는 성(姓)을 가진 친구들 덕분에 일본인과 일본문 화에 대해 많이 알게 됐습니다.

일본의 동경에 가면 代々木(よよぎ)공원이 있습니다. 또한 동경에 는 국립 代々木(よよぎ)경기장이라는 곳도 있습니다. 모두 유명한 곳입니다.

일본어초급 정도의 어휘에 '때때로'라는 의미를 가지고 있는 時々 (ときどき)라는 것이 있습니다. 어휘 수준이 좀 높아집니다만 '명명백 백'의 明々白々(めいめいはくはく)가 있고, '적나라'의 赤裸々(せき らら)가 있습니다. 또한 '시시각각'의 '각각'인 刻々(こくこく)도 있습 니다.

지금까지 예시한 일본 인명과 지명 그리고 단어에서 공통되는 것 은 무엇일까요? 네, 맞습니다. 바로 '々'라는 부호입니다. 이 부호는 가타카나의 'ノ'와 'マ'를 조합한 것과 같이 보이기에 'のま'라고도 합니다. 이 부호는 앞에 나오는 일본어한자의 반복을 표시한 것으로 보통 踊り字(おどりじ)라고 합니다. 곧 반복 부호인 것입니다. 따라서 重字(じゅうじ, 중자), 重点(じゅうてん, 중점), 畳字(じょうじ, 첩자)라고도 합니다. 여기서 重(중)과 畳(첩)은 '겹치다'의 의미입니다. 참고로 踊り(おどり)는 '춤', '요동'이라는 뜻입니다. 마치 글자가 춤추고 있는 듯해서 이렇게 부른 것 같습니다.

'々'와 같은 반복 부호는 일본어한자에만 보이는 것은 아닙니다. 히라가나에서는 'ゝ'로 표시합니다. 탁점(濁点)이 붙을 때는 'ゞ'를 사용합니다. 예컨대 '움츠려들다'의 'ちぢむ'를 'ちゞむ'로, '이어지다'의 'つづく'를 'つゞく'로 표기할 수 있습니다.

이밖에 자주 쓰는 踊り字(おどりじ)에는 다음과 같은 것이 있습니다. 人々(ひとびと, 사람들), 正々堂々(せいせいどうどう, 정정당당), 段々(だんだん, 점점), 和気藹々(わきあいあい, 화기애애)

일본어한자어 '土産(토산)'을 왜 'みやげ'로 읽는지요?

일본어한자어에 土産(どさん, 토산)이 있습니다. '그 지역에서 나는 특별한 물품'이라는 뜻입니다. 우리말의 토산품과 같습니다. 이 일본어한자는 'どさん'이라고도 읽습니다.

그런데 이 일본어한자어는 'みやげ'라고도 읽습니다. 곧 土産이라고 쓰고, 'みやげ'라고 발음하는 것입니다. 이때는 여행지에서 산 것으로 가족이나 지인에게 주는 간단한 선물이라는 의미가 됩니다. 토산품을 가리키는 土産(どさん)의 의미와는 좀 다릅니다.

土産(みやげ)의 기원은 고대일본에 있었던 '여행'과 깊은 관련이 있습니다. 이때 '여행'은 지금의 유람이나 관광과는 다릅니다. 그래서 旅(たび)라고 불렀습니다. 곧 여행하는 사람은 안전하고 정든 고향을 떠나 알지 못하는 미지로 떠나는 것이었습니다. 여행객 본인을 포함하여 그 누구도 여행객의 생사를 장담할 수 없었습니다. 그만큼 위험했던 것입니다. 길을 떠나는 나그네에게 가족이나 지인은 그의 무사귀환을 기원하면서 그에게 식량 등을 주었습니다. '여행'을 떠나는 이는 낯선 곳에서 고향에서는 평소 보지 못했던 것들을 보게 됩니다. 그리고 그는 그 낯선 것을 자신의 안전을 기원했던 사람들에게 선물로 주기 위해 고향으로 가지고 돌아옵니다. 이 물품이 바로 土産(みやげ)가 되는 것입니다.

그런데 土産(どさん)이라고 읽으면 土(ど, 토)+産(さん, 산)으로 음독+음독이 됩니다. 한편 土産(みやげ)처럼 두 자 이상으로 된 한자 숙어를 하나의 훈독으로 읽는 것을 熟字訓(じゅくじくん, 숙자훈) 곧 숙어 읽기라고 합니다. 이런 숙어 읽기가 있기에 일본어한자읽기는 더욱 어려워지는 것입니다. 예컨대 '내일'을 일본어로 明日(あす)라고 읽습니다. 일본어한자 明(명)과 日(일)에는 'あす'라고 발음할 수 있는 요소가 전혀 없습니다. 明과 日이 하나가 되어 明日(あす)가 되는 것입니다. 여담입니다만, 앞으로 다가올 날을 明日(밝은 날)이라는 한 것은 정말로 멋진 표현이라고 생각합니다. 물론 '明日'을 '밝아지는 날'이라고도 풀이할 수 있습니다만.

이와 같은 熟字訓(じゅくじくん) 곧 숙어 읽기는 대단히 많습니다. 초급일본어 수준인 단어에도 보입니다. 一昨日(おととい, 그제), 昨日(きのう, 어제), 今日(きょう, 오늘), 明後日(あさって, 모레) 등이 여기에 포함됩니다.

주요 어휘를 열거하면 다음과 같습니다. 煙草(たばこ, 담배), 麦酒(ビール, 맥주), 大人(おとな, 성인), 雪崩(なだれ, 눈사태), 吹雪(ふぶき, 눈보라), 乙女(おとめ, 소녀), 田舎(いなか, 시골), 浮気(うわき, 바람기), 玩具(おもちゃ, 장난감), 風邪(かぜ, 감기), 為替(かわせ, 환), 果物(くだもの, 과일), 景色(けしき, 경치), 今年(ことし, 올해), 素人(しろうと, 초보자), 相撲(すもう, 스모), 七夕(たなばた, 칠석), 仲人(なこうど, 중매인), 二十歳(はたち, 스무 살)

제2장

이야기가 있는 일본어한자

干	空	科	大	同	東
名	募	文	物	美	白
父	四	手	試	御	旅
玉	遠	月	人	日	雑
臭	宅	和	横		

간(干)

일본의 동경 전철에는 우리의 지하철 2호선처럼 **순환**¹⁾하는 라인이 있는데, 이 순환선을 타면 자주 목격하는 광경이 있습니다. 날씨 좋은 날이면 집집마다 베란다에 **빨래**²⁾뿐만이 아니라 **이불**³⁾을 말리고 있는 모습입니다. 이 풍경을 처음 경험했을 때는 '**홍수**⁴⁾ 피해라도 입었나?'하고 생각했습니다. 나중에 알게 된 사실입니다만 일본은 대체적으로 습도가 높기 때문에 날이 좋으면 소독도 할 겸 이불을 밖에서 말린다고 합니다. 다만, 제가 공부했던 홋카이도의 삿포로는 습도가 적기에 이런 광경을 동경만큼 자주 목격하지는 못했습니다. **일본열도**⁵⁾는 남북으로 길기 때문에 남과 북의 기온과 **습도**⁶⁾에 차이가 많습니다.

옷이나 이불을 말릴 때 쓰는 일본어에 '말리다'의 의미를 나타내는 '干す(ほす)'라는 말이 있습니다. 그렇다면 옷이나 이불을 갤 때는 뭐라고 할까요? '畳む(たたむ)'라고 합니다. 맞습니다! 이 '畳む(たたむ)'는 일본의 집에서 **방바닥**⁷⁾에 까는 짚으로 만든 사각형 돗자리인 다타미(畳, たたみ)의 동사형입니다.

'방패 간(干)'에는 '말리다'라는 의미가 있습니다. 예컨대 干潮(かんちょう, 간조) 등이 있습니다. 따라서 간(干)을 干(かん)이라고 읽

으면 음독이 됩니다. 한편 옷이나 이불을 말릴 때 쓰는 '干す(ほす)'
는 훈독입니다. 그런데 간(干)의 훈독에는 '干す(ほす)'와 더불어
'干る(ひる)'도 있습니다. **예컨대**[8] 'のどが干(ひ)る'라고 하면 '목이
마르다'이고, '食糧(しょくりょう)が干(ひ)る'라고 하면 '식량이 바닥
나다'가 됩니다. 다만 '干る(ひる)'의 용례는 일상생활에서는 거의
사용되지 않습니다. 참고만 해주시길 바랍니다.

방패 간(干)

1. 의미: 상관하다, 말리다, 가물다, 약간
2. 음독: [かん] 干与(かんよ) 간여, 干害(かんがい) 간해, 若干(じゃっ
          かん) 약간
3. 훈독: [ほす] 日(ひ)に干(ほ)す 햇볕에 말리다, 干(ほ)したさか
          な 말린 생선
   [ひる] のどが干(ひ)る 목이 마르다

'말리다'의 '干す(ほす)'와 함께 동의어로 자주 쓰는 말이 있습니
다. '乾かす(かわかす)'입니다. 알아두면 편리합니다.

장마철이 되면 빨래가 잘 마르지 않아서 빨래에서 좋지 않은 냄새
가 날 때가 있습니다. 이것을 '生乾き(なまかわき 혹은 なまがわき)'
라고 합니다. 이때 生(なま)는 '미숙함'이나 '덜 함'을 뜻합니다. '乾
き(かわき)'는 '마르다'인 '乾く(かわく)'의 명사형입니다. 이런 표현
을 알고 있는 제 자신에 스스로가 깜빡 놀랄 때가 있습니다. 아무리

일본학 전문가라고 하지만 이런 표현까지 알고 있는 연구자는 많지 않을 것입니다. 그럼 제가 어떻게 이런 표현까지 알고 있을까요? 그만큼 집안일을 열심히 하고 있다는 증거일 것입니다.

더 알고 싶은 일본어한자

1) **순환**: 循環(じゅんかん)이라고 합니다. 관련 어휘로 循環器(じゅんかんき, 순환기)가 있습니다.

2) **빨래**: 洗濯物(せんたくもの)라고 말합니다. 洗濯機(せんたくき, 세탁기)라는 말도 알아 두면 좋을 것 같습니다.

3) **이불**: 布団(ふとん)이라고 합니다. 일본 근대작가에 다야마 가타이(田山花袋)라는 소설가가 있었는데 그의 작품 중에 『布団』이 있습니다. 작중 주인공이 여자 제자에 대해 갖는 감정을 감각적으로 잘 표현하고 있습니다.

4) **홍수**: 洪水(こうずい)라고 읽습니다. 이 한자어 발음은 어렵습니다. 특히 물 수(水)를 'ずい'라고 발음하는 것이 중요합니다. 꼭 기억해 주시면 고맙겠습니다.

5) **일본열도**: 日本列島(にほんれっとう)라고 합니다. 일본은 자기 나라를 日本列島(にほんれっとう)라고 부르고, 남북한을 朝鮮半島(ちょうせんはんとう, 조선반도)라고 부르고, 중국을 中国大陸(ちゅうごくたいりく, 중국대륙)라고 부릅니다. 일본이 자신과 한국 그리고 중국을 어떻게 보고 있는지가 잘 드러난다고 생각합니다.

6) **습도**: 湿度(しつど)라고 읽습니다. 湿気(しっけ, 습기)라는 표현도 알아 두면 편리합니다.

7) **방바닥**: 床(ゆか)라고 합니다. 온돌을 'オンドル'라고도 하고, '방바닥 난방'의 의미로 床暖房(ゆかだんぼう)라고도 합니다.

8) **예컨대**: 'たとえば'라고 합니다. 일본인과 이야기를 하다 보면 상대방이 'たとえば'라는 표현을 자주 쓴다는 것을 알 수 있습니다. 또는 말하는 상대에게 구체적인 사례를 요구하는 경우를 접할 수 있습니다. 구체적으로 사례를 들어서 대화하기를 좋아하는 그들에게 가끔은 '일본인은 추상화하는 능력이 부족한가?' 하는 생각을 하게 됩니다.

일본문화 한마디

아쓰지 데쓰지는 『한자 이야기』(소명, 2021)에서 "한자문화권이란 한자를 읽고 쓸 수 있는 사람들의 집단이며, 그것은 국가나 왕조라는 틀과 언어의 차이를 초월한 것이었습니다."라고 말하고 있습니다. 곧 한국과 중국 그리고 일본 등이 구성하고 있는 동아시아는 한자문화권에 있었다는 말입니다. 이런 사실은 동아시아가 干支(えと, 간지) 곧 십이지(十二支)인 띠(쥐띠, 소띠, 호랑이띠 등)를 공유하고 있다는 데서도 알 수 있습니다.

그러나 한중일 3국은 현재 쓰고 있는 한자체가 다릅니다. 또한 현재 세 나라가 공유하고 있는 동아시아의 고전 교양이 명확하지 않다는 점에서 이들 나라 사이에 한자문화권이라는 의식이 점점 희박해지고 있다는 생각이 듭니다. 동아시아의 공동 번영과 평화를 위해서도 이들 사이에 공통 교양을 재구축하는 것은 바람직하다고 생각합니다만 어떻게 생각하시는지 궁금합니다.

일본어한자어를 확인해봅시다

物干し(ものほし), 干戈(かんか), 十干(じっかん), 干城(かんじょう), 干物(ひもの)

공(空)

초등학생 때 **외할머니**[1)]와 잠시 함께 산 적이 있었습니다. 부모님이 **맞벌이**[2)]였기에 저를 돌보기 위해 **돌봄**[3)] 차원에서 **상경**[4)]하셨던 것입니다. 그런데 웬일인지 외할머니에 관한 기억은 별로 없습니다. 하지만 외할머니가 쓰시던 어휘 가운데 '온공일(空日)'과 '반공일(半空日)'이란 말은 지금도 잘 기억하고 있습니다. '온공일'은 일요일을, '반공일'은 토요일을 가리킵니다. '공일'이 '일을 하지 않고 쉬는 날'이라는 의미이니 '온공일'이 일요일을 뜻하는 것을 충분히 알 수 있습니다. 또한 '반공일'이 토요일을 뜻하는 것은 예전에는 토요일에 오전 근무만 했기 때문입니다. 주5일제 도입 이전의 일입니다.

우리말 가운데 '공(空)치다'라는 말이 있습니다. '돈'[5)]을 벌지 못하거나 돈을 벌기 위한 일을 하지 못하다'의 의미입니다. 예컨대 일용직 근로자나 **상인**[6)]이 "오늘은 공쳤어."라고 말할 수 있습니다. 공(空)이라는 한자가 '빌 공'이라는 것을 알기에 '공(空)치다'라는 표현도 알기 어렵지 않습니다.

일본에서 공부할 때 이동 수단은 주로 자전거였고, 가끔 **전철**[7)]과 버스도 탔습니다. 하지만 택시는 거의 타지 않았습니다. 그런데 흥미로운 것은 우리나라 택시가 **손님**[8)]이 타지 않은 차라는 것을 나타

내기 위해 '빈 차'라는 표시를 하는데, 일본의 택시는 空車(くうしゃ)라고 표시한다는 점입니다. 空車(くうしゃ)라는 알림을 볼 때마다 할머니가 쓰시던 '반공일'이란 말이 떠오릅니다.

빌 공(空)

1. 의미: 하늘, 빔, 헛됨
2. 음독: [くう] 航空(こうくう) 항공, 真空(しんくう) 진공, 空想(くうそう) 공상
3. 훈독: [そら] 青(あお)い空(そら) 푸른 하늘
   [から] 空っぽ(からっぽ) 속이 텅 빈
   [あく] 空く(あく) 비다
   [あける] 空ける(あける) 비우다

빌 공(空)의 음독인 'くう'가 쓰이는 어휘가 상당히 많습니다. 空白(くうはく, 공백), 空間(くうかん, 공간)처럼 말입니다.

한편 空(くう)의 훈독에는 'そら'와 'から' 등이 있습니다. 예컨대 空耳(そらみみ)라는 표현이 있습니다. '잘못 들음' 혹은 '못 들은 체함'을 뜻합니다. 「君(きみ)の空耳(そらみみ)だと思(おも)う。」라고 말하면 "네가 헛들은 소리라고 생각해."라는 의미이고, 「空耳(そらみみ)を使(つか)う。」라고 하면 "못 들은 체하다."가 됩니다.

空(そら)가 들어가는 일본어 표현 가운데 개인적으로 제가 제일 좋아하는 것은 '空(そら)の旅(たび)'라는 말입니다. 이 표현은 일본 항공사의 비행기를 탈 때 항상 듣는 것으로 이를테면 「空(そら)の旅

(たび)を楽(たの)しんでいただきたいです。」처럼 말합니다. 곧 "비행기 여행을 즐겨주십시오."라는 의미인데, '空(そら)の旅(たび)'라는 표현이 시적(詩的)이라서 좋습니다.

또한 일본에 青空文庫(あおぞらぶんこ, 청공문고)라는 것이 있습니다. 여기서 '푸른 하늘'을 뜻하는 일본어한자어 青空(청공)을 'あおそら'가 아니라 'あおぞら'라고 읽는 것이 중요합니다. 일본어에서는 합성어를 만들 때 뒤에 오는 발음이 탁음(濁音)이 되는 현상이 있습니다. 青空文庫(あおぞらぶんこ)는 인터넷상에서 저작권이 소멸된 작품을 공개하는 일종의 전자도서관입니다.

空(くう)는 'から'라고도 훈독합니다. 「頭(あたま)が空(から)っぽだ。」라고 말하면 "머리가 텅 비었다."는 의미가 됩니다. 「コップの水(みず)が空(から)っぽだ。」라고 하면 "컵에 물이 없다."라는 의미입니다.

일본어 空(くう)와 우리말 공(空)의 의미는 대체적으로 같습니다. 하지만 다른 의미도 있습니다. 공(空)이 일부 명사 앞에 붙어서 '힘이나 돈을 들이지 않음'을 나타냅니다. 이를테면 공것, 공돈, 공밥, 공술 같은 표현입니다. 이런 표현이 일본어에는 없는 것 같습니다. 더치페이 혹은 각자 부담하는 문화가 우리보다 폭넓게 퍼져 있기 때문일지도 모릅니다.

더 알고 싶은 일본어한자

1) **외할머니**: '母方(ははかた)の祖母(そぼ)'라고 합니다. 어머니 쪽의 조모라는 뜻입니다. 외할아버지는 '母方(ははかた)

の祖父(そふ)'라고 하면 됩니다. 어머니 쪽의 조부라는 말입니다. 반면에 친할머니와 친할아버지는 '父方(ちちかた)の祖母(そぼ)', '父方(ちちかた)の祖父(そふ)'라고 하면 됩니다. 각각 아버지 쪽 조모, 아버지 쪽 조부를 의미합니다. 여기서 문제를 하나 내겠습니다. 사위가 장인어른을 부를 때 뭐라고 할까요? 네, 맞습니다. 'お父(とう)さん' 하고 말합니다. 그럼 장모님은? 'お母(かあ)さん'입니다.

2) **맞벌이**: '共働き(ともばたらき)'라고 말합니다. '共稼ぎ(ともかせぎ)'라고도 합니다. 여기서 共(とも, 공)는 '함께'라는 의미입니다. '働き(はたらき)'는 '일하다'의 명사형이고, '稼ぎ(かせぎ)'는 '벌다'의 명사형입니다. 참, 여기서 중요한 것이 있습니다. 원래 '働き(はたらき)'라고 읽던 것이 합성어가 되면 탁음화 되어 '共働き(ともばたらき)'처럼 됩니다. 곧 'は'를 'ば'로 발음합니다. 또한 맞벌이를 속어로 二馬力(にばりき)라고도 합니다. 자동차도 아닌데 '마력(馬力, ばりき)'을 쓴다는 것이 흥미롭습니다. 반대말은 一馬力(いちばりき)입니다. 두 사람이 벌기에 '둘 이(二)'를 썼고, 혼자 벌기에 '한 일(一)'을 썼습니다.

3) **돌봄**: 世話(せわ)라고 말합니다. 일본인은 남에게 신세를 졌을 때 「お世話(せわ)になりました。」라는 표현을 잘 씁니다. 일본인이 아주 즐겨 쓰는 표현입니다. 예컨대 졸업식 때 학과 교수님께도 졸업인사로 「お世話(せわ)になりました。」라고 말합니다. 우리와 감각이 좀 다릅니다.

4) **상경**: 上京(じょうきょう)라고 말합니다. 일본어도 우리말처럼 '서울(京)'에 가는 것을 '올라가다'라고 말합니다. 설사 자신의 위치가 북쪽이고 서울(京)이 남쪽에 있더라도 말입니다. 중국문화의 영향입니다.

5) **돈**: 잘 알려져 있듯이 'お金(かね)'라고 말합니다. 이때 'お'는 존경의 의미가 아닙니다. 미칭이라고 생각하면 됩니다.

6) **상인**: 商人(しょうにん)이라고 말합니다. '장사하다'라는 동사는 '商う(あきなう)'라고 읽습니다. 따라서 '장사 중'은 '商(あきな)い中(ちゅう)'라고 말합니다.

7) **전철**: 電車(でんしゃ)라고 합니다. 일본 전철은 주로 지상으로 다닙니다. 따라서 지하철 곧 地下鉄(ちかてつ)라는 말도 씁니다만, 電車(でんしゃ)라는 표현을 더 많이 씁니다.

8) **손님**: 'お客様(きゃくさま)'라고 말합니다. 여기서 様(さま, 양)은 존칭의 접미사입니다. 원조 한류 스타였던 배용준을 일본에서 ヨン様(욘사마)라고 불렀는데, 이때 '사마'가 바로 'お客様(きゃくさま)'에 나왔던 様(さま)입니다.

일본문화 한마디

空手(からて, 공수)는 일본 오키나와(沖縄)의 전통 무술입니다. 이 空手(からて)의 동작을 보면 우리의 태권도와 비슷한데, 태권도보다 더 직선적이라는 것을 알 수 있습니다. 이것은 일본문화가 형(型) 곧 型(かた)를 중시하기 때문이라고 생각합니다. 어떤 사람은 이 空手(からて)가 고대한반도와 밀접한 관련이 있다고 주장합니다. 그런데 空手(からて)를 예전에 唐手(からて, 당수)라고도 표기했습니다. 이때 唐(から, 당)는 중국 혹은 고대한반도를 지칭하기에 空手(からて)와 고대한반도와의 관련성은 전혀 근거가 없다고 보기는 어려울 것 같습니다.

여하튼 空手(からて)를 볼 때마다 형식미 혹은 유형미를 중시하는 일본인의 삶을 떠올립니다. 여기에도 통제 가능하고 예측 가능한 것을 아름답다고 느끼는 그들의 미의식이 잘 드러나 있다고 생각합니다. 그리고 이런 미의식은 통제하지 못하는 자연재해에 대한 반작용에서 생겼다고 생각합니다. 참고는 일본인의 미의식에 대해서는 지상현의 『한중일의 미의식』(아트북스, 2015)이 참고가 됩니다.

일본어한자어를 확인해봅시다

空港(くうこう), 空前(くうぜん), 空気(くうき), 空爆(くうばく), 空腹(くうふく)

제3절

과(科)

저의 **취미**[1] 중의 하나는 거리를 거닐면서 여러 가지 간판을 보는 것입니다. 이런 취미는 저뿐만이 아닌가 봅니다. 미국의 언어학자인 로버트 파우저도 2022년 5월 19일자 한겨레신문에서

> 간판을 관심 있게 바라보면 뜻밖의 발견을 할 때가 종종 있다. 세월이 흐르면서 간판의 변화를 통해 시대의 변화를 느끼기도 한다. 오래된 간판은 그 자체로 시대의 흔적이다.

라고 말하는 것을 보면 말입니다.

초등학교 때입니다. 집 근처에 '○○산부인과'라는 간판을 내건 '산**부인**[2]과'가 있었습니다. 그리고 당연한 말입니다만 이곳에 임산부가 드나드는 광경을 자주 목격했습니다. 당시 저는 '산부인과라는 곳은 아이를 낳는 곳이구나'하고 생각했습니다. 어린 저에게는 임신부가 주로 보였기 때문입니다.

그런데 일본어를 배우면서 산부인과를 産婦人科(さんふじんか)라고 한다는 것을 알게 됐습니다. 좀 이상했습니다. 일본어한자어를 보는 순간 이 한자어가 '임산부'만을 가리키는 것 같지 않다는 것을

직감했습니다. 곧바로 産婦人科(さんふじんか)를 찾아봤습니다. 일본어사전에는 産科(산과)와 婦人科(부인과)를 합쳐서 산부인과라고 부른다고 나와 있었습니다. 우리말도 이런 의미로 쓰입니다. 제가 알고 있었던 '아이를 낳는 곳'은 산부인과의 **역할**[3] 중의 하나였을 뿐입니다.

과정 과(科)

1. 의미: (학문상의)구분, 잘못, 규정
2. 음독: [か] 科学(かがく) 과학, 罪科(ざいか) 죄과, 金科玉条(きんかぎょくじょう) 금과옥조

'과정 과(科)'를 특수하게 科(しな)로 훈독하는 경우가 없지는 않지만 상용한자에서는 科(か)로 주로 음독을 합니다. 주의해야 할 것은 科(か)와 料(りょう, 료)를 헷갈려서는 안 된다는 것입니다. 料(りょう)는 '헤아릴 료'입니다. 보통 資料(しりょう, 자료), 料金(りょうきん, 요금), 料理(りょうり, 요리)와 같이 쓰입니다.

科(か)가 들어가는 일본어한자어는 무수히 많습니다만, 여기서는 **병원**[4] 관련 어휘를 주로 나열해 보겠습니다. 内科(ないか), 外科(げか), 歯科(しか), 小児科(しょうにか), 眼科(がんか) 등이 있습니다. 우리말로는 각각 내과, 외과, 치과, 소아과, 안과라고 합니다. 일본어 한자읽기 측면에서 보면 外科(외과)를 'げか'라고 읽는 것이 좀 어려울 수 있습니다. 外(외)는 보통 '外(がい)'라고 발음하기 때문입니

다. 예를 들면 外国(がいこく), 外国人(がいこくじん), 外野手(がいや しゅ)처럼 말입니다. 우리말로는 각각 외국, 외국인, 외야수라고 합니다.

그런데 耳鼻咽喉科(じびいんこうか, 이비인후과)는 産婦人科(さんふじんか)와 같이 흥미롭습니다. 耳鼻咽喉科(じびいんこうか)는 한자어 그대로 귀와 코 그리고 인후 등을 주로 진료하고 치료하는 곳이기 때문입니다. 이것도 '이비인후과'처럼 한글만 봤을 때는 그 의미가 쉽게 들어오지 왔습니다.

산부인과를 이야기하다 보니 우리말인 산후조리원(産後調理院)이 떠오릅니다. 왜냐하면 일본에는 없기 때문입니다. 일본의 임산부는 **처가**[5]에서 아이를 낳는 사람이 적지 않기 때문입니다. 또한 병원에서 출산을 한다고 하더라도 '산후조리'는 처가나 **자기 집**[6]에서 하기 때문입니다. 우리나라의 산후조리원은 대단한 아이디어라고 생각합니다. 산후조리원을 일본 **임산부**[7]도 이용한다고 하니 말입니다. 가끔 일본의 연예인이 한국의 산후조리원을 이용했다는 기사를 접합니다. 한류의 분야가 **다양**[8]해지고 있음을 실감합니다.

더 알고 싶은 일본어한자

1) **취미**: 趣味(しゅみ)라고 합니다. 쓰임은 우리말과 거의 같습니다. 다른 것이 있다면 일본어에는 외국에 대해 많은 관심을 가지고 있는 것을 지칭하는 異国趣味(いこくしゅみ, 이국취미)라는 표현이 있다는 것입니다.

2) **부인**: 婦人(ふじん)이라고 합니다. 우리말의 부인(婦人)은 결혼한 여자라는 의미밖에 없습니다만, 일본어 婦人(ふじん)은 그것과 함께 '성인 여자'를 가리킬 때도 사용합니다. 예컨대 화장실 앞에 婦人用(ふじんよう)라고 적혀 있으면 '결혼한 여자만 사용하는 화장실'이 아닙니다. '여성용 화장실'이라는 뜻입니다.

3) **역할**: 役割(やくわり)라고 말합니다. 役割(やくわり)는 일본어 음독 役(やく)와 훈독 割(わり)가 결합된 것입니다. 이것을 보면 역할이라는 말이 원래 일본어였다는 것을 알 수 있습니다.

4) **병원**: 病院(びょういん)이라고 읽습니다. 이 발음은 미용실을 가리키는 美容院(びよういん)과 발음이 비슷합니다. 한국인 학습자는 주의할 필요가 있습니다. 또한 病(やまい, 병)라고 읽으면 '병에 걸리다'의 '병'을 뜻합니다.

5) **처가**: '妻(つま)の実家(じっか)'라고 합니다. 実家(じっか)라는 말은 '자기가 태어난 집' 또는 '부모가 사는 집'을 가리킵니다. 그래서 결혼한 아내가 부모님 집에 갈 때 実家(じっか)에 간다고 합니다. 제 아내도 이런 표현을 자주 씁니다. 그럴 때마다 저는 '그럼 결혼해서 남편과 사는 집은 뭔가?'하고 생각합니다.

6) **자기 집**: 自宅(じたく)라고 합니다. 코로나 19(이하, 코로나)가 유행했을 때 우리는 자가격리(自家隔離)라는 말을 썼습

니다만 일본에서는 自宅隔離(じたくかくり, 자택격리)라는 말을 썼습니다.

7) **임산부**: 妊婦(にんぷ)라고 부릅니다. 이것과 관련된 어휘로는 出産(しゅっさん, 출산), 育児(いくじ, 육아)가 있습니다. 몇 년 전에 일본에서는 'イクメン'이라는 신조어가 나왔습니다. 육아를 적극적으로 하는 남성을 가리킵니다. 'イクメン'은 育児(いくじ)의 育(いく)에다 영어 men을 더한 것입니다.

8) **다양**: 多用(たよう)라고 합니다. 일본과 한국은 모두 저출산 고령화라는 사회문제를 갖고 있습니다. 이에 따른 노동인구 감소는 장래 한국경제과 일본경제에 적지 않은 문제를 야기할 것입니다. 이 문제를 해결하는 방법 중의 하나는 이민을 적극적으로 받아들이는 것입니다. 한일 양국은 좀 더 '다양'한 문화적 배경을 가진 사람들을 포용할 수 있는 선진국이 되어야 할 것 같습니다.

일본문화 한마디

'빨간 펜으로 이름을 쓰면 안 된다', '밤에 손톱을 깎으면 안 된다', '밤에 휘파람을 불면 안 된다' 등과 같은 속신이 있습니다. 이 속신을 일본어는 俗信(ぞくしん)이라고 합니다. 민간에서 행해지는 신앙적 믿음인 것입니다. 이런 속신이 일본에도 많이 남아 있는데 이를테면 '책을 밟으면 안 된다' 등이 그렇습니다. 이런 말들에는 나름대로 합리적인 이유가 있기는 합니다만 그렇지 않은 경우도 적지 않습니다. 과학의 시대를 살면서도 이런 민간 신앙을 지키고 있다는 것이 흥미롭습니다. 덧붙여 미신은 迷信(めいしん)이라고 읽습니다.

일본어한자어를 확인해봅시다

文科(ぶんか), 国文科(こくぶんか), 前科(ぜんか), 科挙(かきょ), 登科(とうか)

대(大)

가족과 함께 일본에 갈 때면 일본인 아내는 신사(神社, じんじゃ)에 들립니다. 특히 새해를 맞이하기 위해 **친정**[1]에 갈 때면 반드시 신사에 갑니다. 이처럼 새해에 신사에 가서 **참배**[2]하는 것을 일본어로 初詣(はつもうで)라고 합니다. 여기에 보이는 詣(けい)는 참배라는 의미입니다.

아내는 새해에 신사에 가서 신에게 가족의 건강과 안녕을 기원합니다. 그리고는 금년 1년간의 운세를 점치기 위해 'おみくじ' 곧 제비뽑기를 합니다. 이 **종이**[3]로 된 'おみくじ'에는 보통 大吉(だいきち, 대길), 吉(きち, 길), 凶(きょう, 흉) 등이 쓰여 있습니다. 물론 여기서 가장 좋은 것은 大吉(だいきち)이고, 좋지 않은 것은 凶(きょう)입니다. 대길(大吉)은 우리가 입춘에 집의 현관에 붙이는 '입춘대길(立春大吉)'에 나오는 그 '대길'입니다.

그런데 일본어한자 大(대)의 한자읽기는 쉽지 않습니다. 일본어한자 大에는 'だい'와 함께 'たい'라는 음독이 있기 때문입니다. 'だい(dai)'는 **탁음**[4] 곧 유성음이고, 'たい(tai)'는 **청음**[5] 곧 무성음입니다.

예를 들어 '큰'이라는 의미를 나타내는 大는 탁음인 'だい(dai)'로 발음합니다. 규모가 큰 공사를 의미하는 大工事(だいこうじ, 대공사)

가 그렇습니다. 大가 미칭일 때도 'だい(dai)'라고 읽습니다. 大英帝国(だいえいていこく, 대영제국)이 여기에 들어갑니다. 또한 '한자어 +大'의 **조합**[6]도 **보통**[7] 'だい(dai)'라고 읽습니다. 莫大(ばくだい, 막대), 広大(こうだい, 광대), 最大(さいだい, 최대) 등이 그 예입니다.

한편 일본어한자 大를 'たい(tai)'로 읽는 예로는 큰일 혹은 곤란함을 의미하는 大変(たいへん)과 대국 혹은 대세를 뜻하는 大局(たいきょく) 등이 있습니다.

일본어한자 大를 훈독하면 'おお'라고 읽습니다. '大+고유어'의 조합일 때 나오는 大는 'おお'라고 발음합니다. 大阪(おおさか, 오사카), 大船(おおぶね, 큰 배), 大物(おおもの, 거물) 등이 그렇습니다.

큰 대(大)

1. 의미: 큰, 훌륭함, 중요함, 많음, 대개, 미칭
2. 음독: [だい] 巨大(きょだい) 거대, 偉大(いだい) 위대, 大事(だいじ) 중요함, 大体(だいたい) 대체로, 大韓民国(だいかんみんこく) 대한민국

   [たい] 大軍(たいぐん) 대군
3. 훈독: [おお] 大雪(おおゆき) 대설, 大川(おおかわ) 큰 강

일본어한자 大가 '중요한'의 의미로 쓰이는 경우, 大는 'たい(tai)'와 'だい(dai)'로 모두 읽을 수 있습니다. 따라서 그때그때 **외울**[8] 수

밖에 없습니다.

예컨대 大切(たいせつ)라고 하면 '중요하다', '소중하다', '귀중하다'라는 뜻입니다. 이때는 大는 'たい(tai)'라고 발음합니다. 大事(だいじ, 대사)라는 말도 있습니다. '중대사', '큰일'이라는 의미인데, 이때 大는 'だい(dai)'로 읽습니다.

덧붙여 '大した(たいした)'라는 말도 있습니다. '굉장하다, 대단하다'라는 뜻입니다. 그런데 '大した(たいした)+부정(否定)'이면 '별것 아니다'라는 의미가 됩니다.

1) **친정**: 実家(じっか)라고 하면 됩니다. 예컨대 '친정에 가다'라고 하면 「実家(じっか)に帰(かえ)る。」라고 말하면 됩니다. 또는 비슷한 말로 '里帰り(さとがえり)'가 있습니다. 덧붙여 一時帰省(いちじきせい, 일시귀성)라고 하면 고향이나 자기 나라에 잠시 들를 때 씁니다.

2) **참배**: 参拝(さんぱい)입니다. 참배라고 하면 우리에게는 야스쿠니 신사(靖国神社, やすくにじんじゃ)가 떠오릅니다. 매년 8월 15일 전후에 일본 정치가가 이 신사에서 참배했다는 뉴스가 우리 언론을 통해 전해지기 때문입니다.

3) **종이**: 紙(かみ)라고 발음합니다. 색종이는 色紙(いろがみ), 편지는 手紙(てがみ), 종이봉투는 紙袋(かみぶくろ)라고 합니다.

4) **탁음:** 濁音(だくおん)이라고 발음합니다. 濁(탁)은 '탁하다, 흐리다'라는 뜻입니다. 濁을 음독하면 'だく'가 되고, 훈독하면 '濁る(にごる)'가 됩니다. 濁り酒(にごりざけ)라고 하면 탁주 곧 막걸리가 됩니다.

5) **청음:** 清音(せいおん)입니다. 예컨대 청주(일본술)는 清酒(せいしゅ), 청수(맑은 물)라고 하면 清水(せいすい), 청류라고 하면 清流(せいりゅう)가 됩니다.

6) **조합:** 組合(くみあい)라고 읽습니다. 이 말은 組(くみ)+合(あい)로 구성되어 있습니다. 훈독+훈독입니다. 이것을 보면 우리가 쓰는 조합이라는 말이 원래는 일본어한자어였다는 것을 알 수 있습니다. 예컨대 노동조합을 일본어로는 労働組合(ろうどうくみあい)라고 합니다.

7) **보통:** 普通(ふつう)라고 합니다. 예를 들어 "너 기분이 어때?"라는 질문을 받았는데, "그저 그래." 혹은 "좋지도 나쁘지도 않아."라고 말하고 싶을 때 「普通(ふつう)。」라고 대답하면 됩니다.

8) **외우다:** 覚える(おぼえる)라고 말합니다. 명사형 '覚え(おぼえ)'는 암기 혹은 기억이라고 합니다. 외울 때 이해를 하고 외우면 외운 내용이 장기 기억으로 간다고 합니다. 또한 고생을 해서 외울수록 오래도록 기억한다고 합니다. 세상에 공짜는 없나 봅니다. 또한 覚える(おぼえる)에는 '느끼다'와 '의식하다'라는 의미도 있습니다.

　2022년에 한국계 미국인 허준이 교수가 수학의 노벨상이라고 불리는 필즈상을 받았습니다. 학문 분야는 다르지만 같은 연구자로서 진심으로 축하하고 싶습니다. 우리 언론에서는 이 수상을 계기로 한국수학이 세계적인 수준이 됐다고 흥분하고 있습니다. 수학을 포기했다는 '수포자'가 적지 않고, 입시 위주의 수학을 하고 있기에 더욱 그랬다고 생각합니다. 또한 노벨평화상 이외에 노벨상 수상자가 없기에 더욱 그랬는지도 모릅니다.

　조심스러운 저의 예측이지만 조만간에 우리에게도 제2의 노벨상 수상자와 필즈상 수상자가 나올 것이라고 생각합니다. 왜냐하면 우리의 대학 역사가 조금씩 축적되고 있기 때문입니다. 2021년까지 일본의 노벨상 수상자는 폭넓게 잡으면 31명입니다. 필즈상 수상자도 3명이나 됩니다. 1954년, 1970년, 1990년에 나왔습니다. 일본이 우리보다 빠르게 필즈상 수상자를 배출한 것은 그들이 특별히 머리가 좋아서가 아니라고 생각합니다. 그것보다는 일본의 고등교육 역사가 우리보다 길기 때문입니다. 학문의 축적에는 역사와 전통이 필요합니다. 또한 연구자가 자신이 흥미를 가진 분야를 즐겁게 오래도록 연구할 수 있도록 지원하는 제도가 필요하다고 생각합니다.

　大学(だいがく), 短期大学(たんきだいがく), 大学院(だいがくいん), 大成(たいせい), 大卒(だいそつ)

제5절

동(同)

중학생 때입니다. 국어 참고서를 샀습니다. 현행과 선행을 위해 참고서를 활용하고 싶었기 때문입니다. 그때 저는 국어 참고서에 실려 있는 문학 혹은 비문학 작품을 읽기 전에 저자의 프로필을 먼저 확인하는 습관이 있었습니다. 프로필에는 저자의 학력과 경력 그리고 그의 다른 작품이나 저서가 실려 있었습니다. 그런데 국어 참고서에 나오는 저자의 학력이 무척 흥미로웠습니다. 이를테면 저자의 학력에 '○○**대학교**[1] 졸업. 동 대학원 **졸업**[2]' 등과 같이 적혀 있었습니다. 놀라운 것은 참고서에 나오는 저자들의 출신 대학은 달랐어도 거의 대부분 그들은 '동 대학원'을 졸업했다는 점이었습니다. 중학생이었던 저는 '동 대학원'이 무슨 대학원인지 잘 몰랐습니다. '동 대학원은 우리나라에서 상당히 유명한 대학원이구나!'하고 추측할 뿐이었습니다.

몇 년 전에 '동 대학원'에 얽힌 저의 에피소드를 **동료**[3] 교수에게 **고백**[4]했습니다. 어이가 없다는 표정이 곧바로 돌아왔습니다. 얼굴이 화끈거렸습니다. 지금 생각해 봐도 부끄러운 일화였습니다. 하지만 저에게도 **변명**[5]의 여지가 있었습니다. '동 대학원'이 '同 대학원'의 의미였다면 '同 대학원' 혹은 '동(同) 대학원'으로 표기하든가 그렇지 않으면 'ㅇㅇ대학교 졸업. ㅇㅇ대학교 대학원 졸업' 등과 같이 적었으면 좋았을 텐데, 왜 굳이 '동 대학원'으로 적었을까? 라는 의문입니다.

'동 대학원'이라는 표기는 일본에서도 흔히 쓰입니다. 예를 들어 'ㅇㅇ大学英文学科、同大学大学院卒業'처럼 말입니다. 다만 차이가 있다면 일본어는 표기가 모두 일본어한자로 되어 있어서 문맥상 同(동)의 의미를 파악하는데 어렵지 않다는 점입니다.

같을 동(同)

1. 의미: 같다, 같이 하다, 모이다, 동료, 같은
2. 음독: [どう] 同一(どういつ) 동일, 同行(どうこう) 동행, 合同(ごうどう) 합동, 一同(いちどう) 일동, 同校(どうこう) 동교
3. 훈독: [おなじ] 同(おな)じ学校(がっこう) 같은 학교

일본어의 同(どう)의 의미는 우리가 쓰는 한자 '같을 동(同)'과 다르지 않습니다. 앞에서 예시한 '동 대학원'의 '동'은 同校(どうこう, 동교)의 同(どう) 또는 同年(どうねん, 동년)의 同(どう)와 그 쓰임이 같습니다.

그런데 일본어의 同(どう)로 이루어진 어휘에는 우리말에서는 쓰지 않는 것도 있습니다. 예컨대 일본어 同様(どうよう)가 그렇습니다. 이것은 '같다'라는 의미를 나타내는데 아래와 같이 쓰입니다.

新品(しんぴん)同様(どうよう)のパソコン 새것과 같은 컴퓨터
同様(どうよう)な見解(けんかい) 같은 견해

또한 일본어에는 同棲(どうせい)라는 말도 있습니다. 同棲(동서)라는 말은 우리말에서는 잘 쓰지 않는데, 일본어에서는 자주 등장합니다. 여기서 질문을 하나 하겠습니다. '오늘부터 애인과 동거를 시작했어요.'라고 말하고 싶으면 우리말 '동거'에 해당하는 일본어는 同棲(どうせい)일까요, 同居(どうきょ, 동거)일까요?

일본어 同棲(どうせい)는 법률상 혼인 관계를 맺지 않은 남녀가 함께 사는 것을 의미하고, 同居(どうきょ)는 別居(べっきょ, 별거)의 반대어로 같은 집에서 함께 사는 것을 뜻합니다. 따라서 일본어로 '오늘부터 애인과 동거를 시작했어요.'라고 말할 때는 同居(どうきょ)가 아니라 同棲(どうせい)라는 표현을 써야 합니다. 일본어 棲(せい, 서)는 새 둥지나 보금자리, 사람의 거처라는 의미를 나타냅니다. 우리말에도 서식(棲息)이라는 말에 서(棲)가 나옵니다.

한편 일본어 同(どう)는 ナ形容詞(ナ형용사)로도 쓰여서 '同(おな)じ学校(がっこう)'처럼 사용되기도 하는데, 우리말에는 없는 사용법입니다. '同(おな)じ学校(がっこう)'는 '같은 학교'라는 뜻입니다.

일본어의 同(どう)를 떠올릴 때 잊지 못한 어휘가 있습니다. 同士(どうし)와 同志(どうし, 동지)가 그것입니다. 이 두 일본어한자는 일본어로 'どうし'라고 발음합니다. 발음이 같습니다. 그러나 이 두 단어는 뜻하는 바가 다릅니다. 그런데 흥미로운 것은 일본에서 최상위

대학의 국문과에 다니는 **학생**[6]조차도 이 둘을 구분하지 못하는 이가 적지 않았다는 사실입니다.

일본어 同士(どうし)에는 동료라는 의미가 있습니다. 또한 명사 아래에 붙어서 '-끼리'라는 의미도 나타내는데, 예컨대 '友(とも)だち 同士(どうし)'는 '친구끼리'라는 뜻입니다. 이와 같은 의미를 나타내는 同士(どうし)는 우리말에는 없습니다. 한편 일본어 同志(どうし)는 뜻을 같이 하는 사람이라는 의미를 나타내는데, 그런 측면에서 우리말 동지(同志)와 다르지 않습니다.

일본 학생이 同士(どうし)와 同志(どうし)를 잘 구분하지 못하는 것은 '목적이나 뜻하는 바를 같이 하는 의지가 투철한 사람'인 同志(どうし)가 현재 자신의 주변에 없기 때문인지도 모릅니다. 그런 同志(どうし)가 필요한 시대가 아니기 때문입니다. 한편 우리가 동지(同志)라는 말을 잘 쓰지 않은 것은 이 단어가 남북 분단과 **한국전쟁**[7] 같은 정치적 상황과 밀접한 관련이 있기 때문인 것 같습니다. 가장 널리 쓰이는 사용례로는 5·18 광주 민주화 운동 기념곡으로 지정된 <임을 위한 행진곡>의 "사랑도 명예도 이름도 남김없이/ 한평생 나가자던 뜨거운 맹세/ 동지는 간데없고 깃발만 나부껴/ ……"에 나오는 '동지' 정도가 아닐까요?

그런 의미에서 일본어 同志(どうし)와 더불어 우리말 동지(同志)는 거의 **사어**[8]가 된 것 같습니다. 아름다운 말도 시대상황에 따라서 사어가 될 수도 있는 것 같습니다.

1) **대학교**: 일본어에서 大学(だいがく, 대학)와 大学校(だいがっこう, 대학교)는 그 의미가 다릅니다. 大学(だいがく)는 4년제 일반 대학을 가리키는데 반해 大学校(だいがっこう)는 防衛大学校(ぼうえいだいがっこう, 방위대학교)와 같이 특수한 목적으로 설립된 학교를 가리킵니다. 일본에서는 2년제 대학을 短期大学(たんきだいがく, 단기대학)이라고 합니다.

2) **졸업**: 대학은 卒業(そつぎょう)라는 말을 쓰지만 대학원은 修了(しゅうりょう, 수료)라는 말을 씁니다. 예전에 일본의 인문 및 사회과학계에서는 박사과정을 마친 연구자들에게 박사학위를 잘 주지 않았습니다. 그때 単位取得満期退学(たんいしゅとくまんきたいがく, 단위취득만기퇴학)이라는 제도가 있었습니다. 우리에게는 退学(たいがく, 퇴학)이라는 말이 좀 무섭습니다만, 単位取得満期退学(たんいしゅとくまんきたいがく)를 한 사람은 박사학위에 준하는 연구자라고 이해하면 될 것 같습니다.

3) **동료**: 同僚(どうりょう)라고 합니다. 참고로 仲間(なかま)라는 말도 있는데, 이 단어에는 좋은 의미로도 나쁜 의미로도 '한패'라는 어감이 들어 있습니다. 일본인이 사회생활에서 가장 두려워하는 것 중의 하나는 '仲間外れ(なかまはずれ)' 곧 자신이 소속된 집단에서 소외되는 것이라고 생각

합니다. 집단주의의 폐해입니다. 참고로 절친은 親友(し
んゆう)라고 합니다.

4) **고백**: 告白(こくはく)라고 합니다. 일본인 연인 사이에 주고받는
고백은 좀 독특합니다. 예컨대 남성이 여성에게 프러포즈
를 할 때 "당신이 만들어준 된장찌개를 평생 먹고 싶어
요."라고 말하기도 합니다. 그러면 이 말은 들은 상대는
"많이 부족하지만 저라도 괜찮다면."이라고 대답합니다.
이에 대해 일본 평론가는 일본인이 부끄러워하는 민족이
라서 그렇다고 해석합니다. 그럴듯합니다만 좀 아쉬운 해
석이라고 생각합니다.

5) **변명**: 言い訳(いいわけ)라고 합니다. 일본어 弁明(べんめい,
변명)는 우리말 변명과는 다르게 '설명하여 이치를 밝힌
다'라는 뜻으로 쓰이는 때가 적지 않습니다. 일본인이 소
크라테스의『Apology Socrates』를『ソクラテスの弁明』라
고 번역한 이유가 여기에 있습니다. 우리말로 한다면『소
크라테스의 변명』보다는『소크라테스의 변호』가 더 나은
번역이라고 생각합니다. 최근에 작고한 이어령은『거시
기와 머시기』(김영사, 2022) 등의 저서에서 일본어한자
어에 보이는 잘못된 번역어에 대해 말했습니다. 우리의
근대어가 근대 일본어한자어의 영향을 많이 받았다는 것
은 잘 알려져 있습니다. 우리가 이어령의 지적에 귀를 기
울일 필요가 여기에 있다고 생각합니다.

6) **학생**: 일본어의 学生(がくせい)와 生徒(せいと)는 우리말로 모두 학생이라고 옮길 수 있습니다. 다만 生徒(せいと)는 주로 중학생부터 고등학생까지의 학생을 가리킵니다. 대학생부터는 学生(がくせい)로 부릅니다. 한편 흥미로운 점은 우리말 생도(生徒)는 '장교로 임관하기 전에 사관학교에서 교육을 받는 자'를 가리킨다는 점입니다. 예컨대 육군사관학교 등에 다니는 학생을 보통 생도라고 부릅니다.

7) **한국전쟁**: 朝鮮戦争(ちょうせんせんそう)라고 합니다. 일본에서는 한국과 북한을 합쳐서 말할 때 朝鮮(ちょうせん) 혹은 朝鮮半島(ちょうせんはんとう, 조선반도)라는 표현을 씁니다. 한국과 북한에 등거리 외교를 하고자 하는 일본의 모습이 엿보입니다.

8) **사어**: 死語(しご)라고 합니다. 동음이의어에 私語(しご)가 있는데, 이것은 잡담을 가리킵니다. 예컨대 "수업 중에 잡담은 금지합니다."라고 말할 때 私語(しご)라는 표현을 쓸 수 있습니다.

일본문화 한마디

몇 년 전에 '남과 사이좋게 지내기는 하나 무턱대고 한데 어울리지 않는다'라는 의미의 화이부동(和而不同)이라는 말이 회자된 적이 있습니다. 일본어로 말하면 '和(わ)して同(どう)ぜず'라고 합니다. 사회에서도 그렇고 가정에서도 그렇고 상대방과 적절한 거리감을 유지하는 것은 자신의 삶을 지키는 방법 중의 하나라고 생각합니다. 상대와의 적절한 거리감의 중요성을 말하는 표현으로 '付(つ)かず離(はな)れず' 혹은 不即不離(ふそくふり)라는 것도 있습니다. 특히 '付(つ)かず離(はな)れず'라는 표현은 자주 사용합니다. 알아 두면 좋습니다.

일본어한자어를 확인해봅시다

同音(どうおん), 同時(どうじ), 共同(きょうどう), 合同(ごうどう), 賛同(さんどう)

동(東)

일본에서 한국어를 가르칠 때의 일입니다. 한국의 주요 **지리**[1]와 지명을 강의하면서 동해(東海)와 서해 그리고 남해를 알려줬습니다. 학생들은 아무 말 없이 노트에 필기하면서 열심히 발음했습니다. 학위를 마친 후에는 귀국하여 모(某) 대학에서 **교양**[2]과목으로 <일본문화의 이해>라는 과목을 강의했습니다. 자연스럽게 일본의 주요 지리와 지명을 강의했고, 일본에서는 독도를 竹島(たけしま, 죽도)라고 부르고, 동해를 日本海(にほんかい, 일본해)라고 한다고 가르쳐줬습니다. 그리고 강의를 하면서 日本海(にほんかい)라는 명칭이 너무 일본 중심적이라고 말했다. 학생들도 "일본해가 뭐야? 자기 바다도 아닌데."라고 하면서 저의 견해에 동의해주었습니다. 그때 갑자기 일본에서 한국어를 가르칠 때가 생각이 났습니다. 일본에서 日本海(にほんかい)라고 부르는 바다를 한국에서는 '동해'라고 부른다고 했을 때 한국어 **수업**[3]에 참여했던 일본학생들은 아무 말도 하지 않았지만 속으로는 어떻게 생각했을까? 한국에서 말하는 '동해'라는 명칭은 너무 한국 중심적이라고 생각하지는 않았을까? 왜냐하면 일본에서 봤을 때 우리의 동해는 서쪽에 위치하기에 일본의 입장에서는 서해(西海)가 되기 때문입니다.

한국과 일본 사이에 위치한 바다는 동해(東海)라고 불러야 할까요? 日本海(にほんかい)라고 불러야 할까요? 이 명칭 가운데 어느쪽이 올바른지를 해결하는 방법 중의 하나는 어떤 명칭이 **문헌**[4]에 먼저 등장했는가를 찾는 것입니다. 하지만 한쪽이 옛 문헌을 가지고 와서 자신의 주장을 정당화하면 다른 쪽도 자신들에게 유리한 고문헌을 제시하면서 자기의 주장이 옳다고 말할 것입니다. 그리고 이런 논쟁이 끊임없이 이어질 것입니다. 그리고 지금도 이런 주장을 간혹 접할 수 있습니다.

또 다른 해결책은 서로의 주장을 인정해주면서 한국에서는 '동해(일본해)'로, 일본에서는 '日本海(東海)'와 같이 표기를 병기해 주는 것입니다.

마지막으로 생각해볼 수 있는 것은 한국과 일본이 합의를 하여 제3의 명칭을 사용하는 것입니다. 예를 들어 '평화해(平和海)' 곧 '平和(へいわ)の海(うみ)' 혹은 '공존해(共存海)' 곧 '共存(きょうぞん)の海(うみ)'처럼 말입니다. 그런데 이런 시도가 전혀 없었던 것은 아닙니다. 이를테면 고(故) 노무현 대통령은 2007년에 동해와 日本海(にほんかい)라는 명칭 대신에 '평화의 바다'라는 것을 제안한 바가 있습니다. 물론 예상대로 정치적으로 큰 반대에 부딪쳤지만 말입니다.

그런데 이와 같은 명칭을 둘러싼 논쟁에 대해 한국과 일본 사이에 낀 '바다'는 자신의 명칭에 대해 어떻게 생각할까요? 다시 말하면 뭐라고 불리기를 바랄까요? '동해'라고 불리길 바랄까요? 그렇지 않으면 '日本海'라고 불리길 바랄까요? '바다'가 말을 할 수 있다면 직접 물어보고 싶습니다.

동녘 동(東)

1. 의미: 동쪽, (오행에서)봄
2. 음독: [とう] 東方(とうほう) 동방, 東風(とうふう), 동풍(봄바람)
3. 훈독: [ひがし] 東(ひがし) 동쪽

東(とう)가 들어가는 어휘 가운데 '東(ひがし)アジア'가 있습니다. 동아시아를 말합니다. 여기에는 보통 한국, **중국**[5], 일본, 대만 등이 들어갑니다. 때로는 동아시아라는 명칭과 함께 동북아시아라는 것을 혼용하기도 합니다. 이들 명칭과 함께 東南アジア(とうなんあじあ, 동남아시아)가있습니다. 일본은 태평양전쟁 패전 전에 동남아시아를 점령한 적도 있기에 이 지역에 대한 연구가 상당합니다. 동남아시아에 대한 연구물에는 **기행문**[6]과 문학작품도 적지 않습니다.

좀 전에 동해와 日本海(にほんかい)의 명칭을 통해 알 수 있는 것은 명칭이 결코 가치중립적이지 않다는 것입니다. 그런 의미에서 예컨대 마르코 폴로의『동방견문록(東方見聞録)』도 그렇습니다. 여기에는 서양인의 시각이 녹아 있습니다. 그들의 시각에서 중국을 포함한 우리는 동쪽에 있기 때문입니다.『동방견문록』은 **일본어**[7]로『東方見聞録』입니다. 히라가나로 표기하면 'とうほうけんぶんろく'가 됩니다.

그런데 東(とう)는 東(あずま)라고도 읽습니다. 일본인의 성(姓) 가운데 東(あずま)도 있습니다. 또한 東屋(あずまや)라는 것도 있는데, 이것은 정자(亭子)를 **가리키**[8]는 말입니다.

1) **지리**: 地理(ちり)라고 합니다. 地(ち)가 들어가는 말 가운데 地政学(ちせいがく) 곧 지정학이 있습니다. 우리가 흔히 말하는 지정학적 위치의 지정학입니다. 한국이 놓인 위치를 생각한다면 지정학은 대단히 중요한 학문이라고 생각합니다만, 안타깝게도 크게 주목을 받고 있지 못하고 있는 것이 현실입니다.

2) **교양**: 教養(きょうよう)라고 말합니다. 이 말은 독일어 bildung의 번역어입니다. 번역어는 우리에게 없는 개념을 소개할 때 차용합니다. 그래서 이해하기가 쉽지 않습니다. 특히 근대번역어는 더욱 그렇습니다. 여기에 教養(きょうよう) 곧 교양이 들어갑니다. 우리가 쓰는 근대번역어는 주로 일본인이 일본어로 옮긴 것을 그대로 차용하는 경우가 많습니다. 이를테면 哲学(てつがく, 철학), 自由(じゆう, 자유), 社会(しゃかい, 사회) 등이 대표적입니다. 일본을 거쳐 왔기에 이들 용어가 지금도 이해하기 쉽지 않은 것 같습니다.

3) **수업**: 授業(じゅぎょう)입니다. 일본의 대학에서 한 시간짜리 수업은 'ひとこま' 혹은 一時限(いちじげん)이라는 말을 씁니다. 알아두면 편리합니다.

4) **문헌**: 文献(ぶんけん)이라고 읽습니다. 일본의 학풍은 실증주의를 중시합니다. 그래서 文献(ぶんけん)을 중시하는 경향이 강하고, 文献学(ぶんけんがく, 문헌학)의 역사도 긴 편입니다.

5) **중국**: 中国(ちゅうごく)입니다. 우리가 흔히 말하는 중국집(요리)은 中華料理(ちゅうかりょうり, 중화요리)라고 합니다. 일본의 차이나타운으로는 동경 근처에 있는 横浜(よこはま)가 유명합니다.

6) **기행문**: 紀行文(きこうぶん)이라고 합니다. 일본 문학작품에는 기행문이 많습니다. 그 중에는 신사(神社)나 신궁(神宮)을 참배하러 가는 과정을 기록한 것이 적지 않습니다.

7) **일본어**: 日本語(にほんご)라고 합니다. 우리는 종종 일본어를 일어(日語)라고 합니다만, 정작 일본어에 이런 어휘는 없습니다. 따라서 일어교육학과라는 학과명은 일본어교육학과로 변경되어야 한다고 생각합니다.

8) **가리키다**: 指す(さす)입니다. 관련 어휘로 'ものさし'가 있습니다. 한자로 쓰면 '物差し' 혹은 '物指し'가 됩니다만, 길이를 재는 자를 말합니다.

일본문화 한마디

'동녘 동'의 훈독에는 東(あずま)가 있습니다. 東歌(あずまうた)라는 말이 있는데, 이 노래는 지금의 東京(とうきょう, 동경), 埼玉(さい

たま) 등의 지역 곧 동국(東国)에서 불린 노래를 말합니다. 일본의 수도가 東京(とうきょう)이기 전에 일본의 중심은 오랫동안 奈良(なら, 나라)와 京都(きょうと, 경도) 주변 지역이었습니다. 이 지역에서 볼 때 당시 시골이었던 東京(とうきょう)와 埼玉(さいたま)는 동쪽에 위치했기에 동국(東国) 곧 '東(あずま)の国(くに)'였습니다.

그런데 東歌(あずまうた)는 7~8세기에 성립된 『万葉集(まんようしゅう)』 곧 『만엽집』이라는 시가집에 다수 수록되어 있습니다. 그리고 이 노래가 불려진 '東(あずま)の国(くに)'에는 고대한반도에서 건너간 도래인(渡来人)이 적지 않았다고 합니다. 우리가 東歌(あずまうた)에 관심을 가질 만한 이유가 여기에 있습니다.

일본어한자어를 확인해봅시다

東京(とうきょう), 東西南北(とうざいなんぼく), 東西(とうざい), 関東(かんとう), 東側(ひがしがわ)

명(名)

몇 년 전의 일입니다. 일본의 **문화**[1)]와 **예술**[2)]에 관심이 많은 동료 **교수**[3)]가 저에게 신카이 마코토(新海誠) 감독의『너의 이름은』이라는 애니메이션을 봤냐고 물었습니다. 잘 알려져 있듯이 일본에서 2016년에 공개된『君(きみ)の名(な)は』곧『너의 이름은』은 한국에서도 소개되어 큰 인기를 얻었습니다. 이 작품에는 동경에 사는 남학생 '타키'와 시골에 사는 여학생 '미쓰하'가 등장하는데, 이들은 서로 몸이 바뀌면서 여러 가지를 경험하게 됩니다. 그런 의미에서 이 애니메이션은 로맨스 판타지라고 볼 수 있습니다.

당시 저는『너의 이름은』이 한국에서 꽤 인기가 있다는 것과 작품의 대체적인 스토리는 알고 있었습니다만 직접 보지는 못했습니다. 그래서 "아직 보지 못했습니다."라고 대답했더니 일본학과 교수라면 반드시 봐야 한다는 애정 어린 충고를 해주었습니다. 그러면서 저에게 "『너의 이름은』은 일본어로『君(きみ)の名(な)は』라고 하는데, 왜『君(きみ)の名前(なまえ)は』라고 하지 않고 굳이『君(きみ)の名(な)は』라고 했냐?"고 물었습니다. 일본어를 좀 알고 있었던 동료 교수로서는『君(きみ)の名(な)は』라는 일본어 제목이 석연치 않았던 모양입니다.

동료 교수의 질문은 대단히 좋은 질문이라고 생각합니다. 왜냐하면 일본어에서 '이름'은 보통 名前(なまえ)라고 하기 때문입니다.

신카이 마코토의 작품 중에 『언어의 정원』이라는 애니메이션이 있습니다. 2013년에 개봉한 작품입니다. 이것도 『너의 이름은』과 같이 로맨스 애니메이션이라고 부를 수 있는데, 일본어 제목은 『言(こと)の葉(は)の庭(にわ)』입니다. 좀 점에 저에게 질문했던 동료 교수가 『언어의 정원』도 봤다면 "왜 일본어 제목이 『言語(げんご)の庭園(ていえん)』이 아니라 『言(こと)の葉(は)の庭(にわ)』냐?"고 질문했을지도 모릅니다.

일본의 **운문**[4]문학에 와카가 있습니다. 일본어로는 和歌(わか)라고 합니다. 이 和歌(わか)라는 용어는 중국의 한시(漢詩)에 대항하는 것이라고 보면 좋습니다. 곧 和歌(わか)에서 和(わ)는 일본을 가리키기에 和歌(わか)는 '일본의 **노래**[5]'라는 의미가 됩니다.

和歌(わか)는 5음(音)·7음·5음·7음·7음으로 이루어진 정형시라고 말할 수 있습니다. 곧 5·7·5·7·7이 와카의 리듬입니다. 이를테면 『언어의 정원』에 나오는 여자 주인공 '유키노'는 남자 주인공 '다카오'에게

천둥소리가/ 아주 조금 들리고/ 흐리어져서/ 비도 내리지 않나/ 당신 붙잡고 싶어

라고 노래합니다. 비가 내려서 너를 붙잡아주면 좋겠다는 의미의 노래입니다. 이 노래는 일본에서 가장 오래된 시가집이라고 하는 『만

엽집(万葉集)』에 나오는 작품인데, 이처럼 5·7·5·7·7로 구성되어 있습니다.

신카이 마코토 감독은 대학에서 **국문학**[6] 곧 일본문학을 전공했습니다. 그리고 『너의 이름은』과 『언어의 정원』에는 중요한 장면에서 와카가 나옵니다. 적어도 이 두 작품에서 그는 일본고전의 와카와 현대를 절묘하게 연결시키고 있습니다. 달리 말씀드리면 일본의 고전문학에 나오는 와카가 이들 작품의 중요한 모티브가 되고 있습니다. 이것을 생각하면 그가 왜 『언어의 정원』의 일본어 제목을 『げんごのていえん』과 같이 8음이 아니라 『ことのはのにわ』와 같이 7음으로 했나를 이해할 수 있습니다. 와카의 리듬을 살리고자 했던 것입니다. 또한 『너의 이름은』의 일본어 제목도 『きみのなまえは』가 아니라 『きみのなは』라고 한 것을 알 수 있습니다. 물론 『きみのなまえは』라고 해도 7음이고, 『きみのなは』도 5음이기에 와카의 리듬을 살리고 있습니다만, 고대 일본에서는 '이름'을 'なまえ'가 아니라 'な'라고 했습니다.

이름 명(名)

1. 의미: 이름, 호칭, 뛰어남
2. 음독: [めい] 無名(むめい) 무명, 名義(めいぎ) 명의, 名医(めいい) 명의

   [みょう] 大名(だいみょう) 다이묘(1만 석 이상의 영주를 가리킴)
3. 훈독: [な] 呼び名(よびな) 호칭

그런데 애니메이션『너의 이름은』에서 이름을 부른다는 것은 중요한 의미를 지닙니다. 상대에게 호감을 나타내거나 **상대**[7]가 누구인지를 확인하는데 그치는 것이 아니라 이름은 상대와 나를 연결하는 매개가 되기도 하기 때문입니다.

이와 같이 이름을 묻는 행위는 고대일본에서부터 유래합니다. 좀점에 언급했던『만엽집』을 장식하는 첫 번째 작품은 유랴쿠 천황(일왕)의 작품인데 그는 어느 화창한 봄날 구릉에 나가 봄나물을 캐는 여인에게

바구니도/ 좋은 바구니 가지고/ 호미도/ 좋은 호미 가지고/ 이 구릉에서/ 나물 캐시는 처녀여/ 집안을 밝히시오/ 이름(名)을 일러주시오/ 야마토(大和)라는 나라는/ 모두 다 빠짐없이/ 내가 다스리는 나라다/ 내가 먼저 고할까/ 신분도 이름(名)도

라고 상대방의 이름을 묻고 있습니다. 여기서 이름을 묻는 것은 상대에 대한 호감의 표시이면서 나아가 상대에게 청혼을 하는 행위였습니다. 고대일본에서 '이름'은 '자신의 영혼'이라고 생각했습니다. 따라서 상대방이 이름을 물어도 그 질문에 함부로 대답하지 않았습니다. 유랴쿠 천황(일왕)의 질문에 대해 여인은 어떤 반응을 보였을까요?『만엽집』에는 이 작품에 화답하는 노래가 없기에 우리는 다만 **추측**[8]할 수밖에 없습니다.

1) **문화**: 文化(ぶんか)라고 합니다. 文化(ぶんか)와 文明(ぶんめ
い, 문명)는 함께 자주 나옵니다. 예컨대 집에 냉장고가
있다고 합시다. 이 냉장고는 문명에 해당합니다. 그런데
한국인의 냉장고에 들어 있는 음식물과 일본인의 냉장고
에 들어 있는 음식물은 다를 것입니다. 이처럼 각국의 냉
장고 안에 들어 있는 음식물은 문화라고 부를 수 있습니다.

2) **예술**: 芸術(げいじゅつ)라고 부릅니다. 文芸(ぶんげい, 문예)
라는 말이 있습니다. 이것은 文学(ぶんがく, 문학)와 芸術
(げいじゅつ, 예술)을 아울러서 부르는 명칭입니다.

3) **교수**: 教授(きょうじゅ)입니다. 하지만 대학에서는 先生(せんせ
い, 선생님)라는 호칭이 일반적입니다. 특히 '○○교수님'
라고 부를 때도 先生(せんせい)를 씁니다. 教授(きょうじゅ)
의 관련 어휘로는 教授会(きょうじゅかい, 교수회)가 있습
니다.

4) **운문**: 韻文(いんぶん)이라고 합니다. 문학은 크게 韻文(いん
ぶん)과 散文(さんぶん, 산문)으로 나눌 수 있습니다. 韻
文(いんぶん)에는 시(詩) 같은 것이 들어가고, 산문에 소
설 등이 포함됩니다.

5) **노래**: 歌(うた)라고 합니다. 여기에는 리듬과 같은 음악성이 있
습니다. 그런데 좀 전에 인용했던 『만엽집』에 나오는 노
래를 원래대로 복원하는 것은 불가능합니다. 왜냐하면 소

리였던 노래가 문자로 기록되는 순간 노래가 가지고 있는 본래의 성질을 잃어버리기 때문입니다. 민요를 문자화하면 그 리듬을 잃어버리듯이 말입니다.

6) **국문학:** 国文学(こくぶんがく)라고 합니다. 일본에서는 자국인에게는 国文学(こくぶんがく)라는 명칭을 쓰고, 외국인에게는 日本文学(にほんぶんがく, 일본문학)라는 말을 씁니다.

7) **상대:** 相手(あいて)라고 합니다. 이 말과 함께 本人(ほんにん, 본인)도 알아두면 좋을 것 같습니다.

8) **추측:** 推測(すいそく)라고 합니다. '推測(すいそく)の域(しき)を出(で)ない'라는 표현이 있습니다. 추측에 지나지 않는다는 의미입니다. 자주 쓰는 표현입니다.

일본문화 한마디

일본인의 이름은 애칭으로 다양하게 불리는 경향이 있습니다. 이를테면 여자 이름이 다나카 도모코(田中ともこ)라고 한다면 '－ちゃん'을 붙여서 'ともこちゃん' 혹은 'ともちゃん'이라고 부를 수 있습니다. 또한 남자 이름이 후쿠자와 유키치(福沢ゆきち)라고 한다면 'ふくちゃん'이라고 부를 수 있습니다. 이처럼 애칭에 쓰이는 '－ちゃん'은 대단히 편리한 경칭이라고 생각합니다. 우리의 '-씨'나 '-님'과는 그 쓰임이나 어감이 너무 다릅니다.

덧붙여 저희 집에서 딸아이들이 쓰는 호칭도 소개하고 싶습니다.

언니는 'お姉(ねえ)ちゃん'이라고 하는데, 이를 애교스럽게 姉(ね
え)를 반복하여 'ねーねー(姉姉)'라고도 말할 수 있습니다. 둘째 딸
아이는 언니에게 이 'ねーねー(姉姉)'라는 호칭을 자주 씁니다. 들
으면 들을수록 친근감이 가는 호칭입니다.

일본어한자어를 확인해봅시다

名分(めいぶん), 名字(みょうじ), 名残(なごり), 宛名(あてな), 名
札(なふだ)

모(募)

일본에 처음 갔을 때입니다. 상가 **점포**[1]에 'テナント募集中(ぼしゅうちゅう)'라는 문구가 적혀 있었습니다. 무슨 말인지 몰랐습니다. 그런데 다른 상가 건물에서도 똑같은 **벽보**[2]를 보았습니다. 그때 저는 '일본은 참 희한하다. 여기저기서 탤런트를 모집한다'고 생각했습니다. 'テナント'를 'タレント' 곧 탤런트(talent)라고 **착각**[3]했던 것입니다. 'テナント募集中(ぼしゅうちゅう)'에 나오는 'テナント'는 테넌트(tenant)를 가리킵니다. **임대**[4]라는 말입니다. **건물**[5]의 일부를 빌릴 사람을 구하고 있었던 것입니다.

일본 생활이 길어지면서 '○○募集中(ぼしゅうちゅう)' 곧 '○○ 모집 중'이라는 문구를 자주 접하게 되었습니다. 가장 대표적인 것이 'アルバイト募集中'입니다. 아르바이트생을 모집한다는 광고입니다. 대학에서 **동아리**[6] 회원을 모집할 때는 新人部員募集中(しんじんぶいんぼしゅうちゅう, 신인부원모집 중)이라고 합니다. 여기서 新人(しんじん, 신인)은 새 사람 곧 **신입**[7]을 가리킵니다.

이밖에 参加者募集中(さんかしゃぼしゅうちゅう, 참가자 모집 중), 会員募集中(かいいんぼしゅうちゅう, 회원 모집 중), スタッフ募集中(スタッフぼしゅうちゅう, 스태프 모집 중) 등이 있습니다. 우리에게는 좀

낯선 표현이지만 大募集(だいぼしゅう, 대모집)라는 것도 있습니다.

모을 모(募)

1. 의미: 모으다, 심해지다, 모집하다
2. 음독: [ぼ] 募集(ぼしゅう) 모집, 募金(ぼきん) 모금
3. 훈독: [つのる] さびしさが募る(つのる) 쓸쓸함이 더해지다, 社員(しゃいん)を募る(つのる) 사원을 모집하다

募(ぼ)를 훈독하면 '募る(つのる)'가 됩니다. 저는 **개인적**[7]으로 '募る(つのる)'라는 표현을 좋아합니다. 감정을 나타낼 때 편리하기 때문입니다. 예컨대 시간이 지남에 따라 그리움이 점점 더해질 때는 '恋(こい)しさが募る(つのる)'라고 말하면 됩니다.

더 알고 싶은 일본어한자

1) **점포**: 店舗(てんぽ)라고 합니다. 이런 곳 중에는 몇 대에 걸쳐 오랜 기간을 영업해 온 가게가 있는데 일본어한자어로 老舗(しにせ, 노포)라고 합니다. 우리에 비해 일본에는 이런 老舗(しにせ)가 좀 많은 편입니다. 우리 언론에서 '노포'라는 말을 씁니다만 솔직히 말해서 좀 어색합니다.

2) **벽보**: 張り紙(はりがみ)라고 합니다. 이와 관련된 표현으로 대자보(大字報)라는 것이 있습니다만 일본에서는 잘 쓰지 않습니다. 대자보는 주로 대학가나 단체에서 큰 종이에

자신들의 주장 등을 적은 것을 말합니다. 이 말은 중국에서 온 것으로 대형신문이라는 의미였습니다.

3) **착각**: 錯覚(さっかく)라고 합니다. 일상회화에서는 '勘違い(かんちがい)'라는 말을 자주 씁니다.

4) **임대**: 賃貸(ちんたい)라고 말합니다. 賃貸マンション(임대 맨션), 賃貸アパート(임대 아파트) 등으로 쓰입니다. 잘 알려져 있듯이 일본은 우리와 달리 전세 제도가 없습니다. 모두 월세입니다. 賃貸マンション(임대 맨션)은 우리식 아파트에 사는 것을 말합니다. 賃貸アパート(임대 아파트)는 목조 구조의 주택에 사는 것을 말합니다.

5) **건물**: 建物(たてもの)라고 합니다. 建物(たてもの)는 建(たて)+物(もの)로 구성되어 있습니다. 이때 'たて'와 'もの'는 모두 훈독입니다. 이것은 建物(たてもの, 건물)라는 한자어가 일본에서 왔다는 것을 말합니다.

6) **동아리**: 'サークル(circle)' 혹은 '클럽(club)'라고도 말합니다. 이런 동아리 활동을 部活動(ぶかつどう)라고 하고, 이를 줄여서 部活(ぶかつ)라고 합니다. 일본에서는 이런 동아리 활동이 중고등학교에서도 대단히 활발히 이루어지고 있습니다.

7) **신입**: 新人(しんじん)입니다. '쌀 미(米)'를 사용하여 新米(しんまい)라고도 합니다. 그해 수확한 햅쌀과 같이 새롭다는 의미로 新米(しんまい)라는 표현도 씁니다.

8) **개인적**: 個人的(こじんてき)라고 합니다. 일본어에는 ' ‒ 的(て
き)'라는 표현이 대단히 많습니다. '私的(わたしてき)に'
라는 표현도 있습니다. 여기에는 자신의 존재와 생각을
명확히 드러내고 싶지 않은 마음이 들어 있습니다. '私的
(わたしてき)に'는 상황에 따라 여러 가지 번역이 가능합
니다만, '제 생각으로는' 정도가 될 것 같습니다.

일본에서 공부했을 때 다른 나라에서 온 유학생과도 친하게 지냈
습니다. 어느 날 우연히 스위스에서 유학 온 여학생을 알게 됐습니
다. 첫인상이 알프스 소녀 하이디와 같았습니다. 좀 친해진 다음에
장난삼아서 "알고 있는 요들송을 불러 줄래요?"라고 했더니 즉석에
서 우리에게도 친숙한 요들송을 들려주었습니다. 스위스에서 가
져왔다고 하며 여러 가지 종류의 초콜릿을 저에게 주기도 했습니
다. 그러던 어느 날이었습니다. 저에게 「彼氏募集中(かれしぼしゅう
ちゅう)。」라고 말했습니다. 그때 彼氏(かれし) 곧 남자친구에게도 募
集中(ぼしゅうちゅう, 모집 중)라는 표현을 쓸 수 있다는 것을 알게 됐
습니다. 한편 여자친구 모집 중이라고 말하고 싶은 때는 「彼女募集
中(かのじょぼしゅうちゅう。」라고 하면 됩니다.

応募(おうぼ), 公募(こうぼ), 急募(きゅうぼ), 召募(しょうぼ), 徴募
(ちょうぼ)

문(文)

　어렸을 때 모(某) 출판사가 발행하는 문고(文庫)를 읽은 적이 있었습니다. 문고는 대략 가로 10.5센티미터, 세로 14.8센티미터의 크기였습니다. 일반적인 책보다 크기가 작아서 **휴대**[1]하기 편했습니다. 책값도 비싸지 않았습니다. 하지만 읽기는 어려웠습니다. 글자가 작았기 때문입니다. 또한 책 사이즈가 작았기에 귀엽기는 했지만 **외견**[2]상 그다지 있어 보이지는 않았습니다. 당시 저는 '모름지기 책이란 좀 크고 두꺼워야 한다'는 **편견**[3]이 있었기 때문입니다. 보이는 것 곧 **겉모습**[4]에 치우쳐 있었는지 모릅니다. 하지만 이 생각이 저에게만 해당되지는 않을 수도 있습니다. 왜냐하면 책값도 **저렴**[5]한 문고가 우리나라에서 그리 인기가 없는 것을 보면 그렇습니다. 현재도 문고가 없는 것은 아닙니다만 대중적인 인기가 있다고는 말하기 어렵습니다. 오히려 문고라고 하면 교보문고 혹은 영풍문고와 같이 서점의 상호로 널리 쓰이고 있습니다. 왜냐하면 문고에는 앞에서 언급한 '작은 크기의 책'이라는 의미도 있습니다만 책을 보관하여 두는 곳 혹은 작은 규모의 도서관이라는 의미도 있기 때문입니다.

　일본에서 공부할 때 시간이 나면 종종 **서점**[6]에 들렀습니다. 그때 일본에서는 文庫(ぶんこ, 문고) 좀 더 정확히 말하면 '작고 값싼' 文

庫本(ぶんこぼん, 문고본)이 대단히 인기가 있다는 것을 알게 됐습니다. 일본인에게 文庫本(ぶんこぼん)이 매력적인 것은 여러 가지 이유 때문이라고 생각합니다. 첫째, 일반적인 책이 비싸고 가지고 다니기 어려운 것에 반해 文庫本(ぶんこぼん)은 싸고 휴대하기 편리합니다. 일본에서 文庫本(ぶんこぼん)은 예전에 출판된 것을 '작고 값싼' 책으로 다시 출판한 것을 말합니다. 이 점이 우리말의 '문고'와는 근본적으로 다릅니다. 같은 한자를 쓰지만 개념이 다른 것입니다. 둘째, 일본인은 자신이 어떤 책을 읽고 있는지를 남이 알아차리는 것을 싫어하는 경향이 있습니다. 그럼 측면에서 文庫本(ぶんこぼん)은 **안성맞춤**[7]입니다. 무슨 책을 읽고 있는지 옆 사람이 잘 모르기 때문이다. 이런 **익명**[8]성을 더욱 강화하는 것이 문고본의 겉표지를 감싸는 북커버입니다. 일본에서 북커버가 발달하는 이유에는 익명성을 원하는 독자의 바람도 있다고 생각합니다.

글월 문(文)

1. 의미: 무늬, 글자, 말(어구), 글(문장), 기록
2. 음독: [ぶん] 文章(ぶんしょう) 문장, 文学(ぶんがく) 문학, 文献(ぶんけん) 문헌

     [もん] 文様(もんよう) 문양, 文盲(もんもう) 문맹, 文句(もんく) 문구 혹은 불평, 古文書(こもんじょ) 고문서
3. 훈독: [ふみ] 文(ふみ) 편지(서신)

일본어한자 文(ぶん)은 어렵지 않습니다. 다만 일본어한자 文(ぶ

ん)은 'もん'이라고 음독할 수도 있고, 'ふみ'라고 훈독할 수도 있습니다. 특히 文(ぶん)을 'もん'이라고 읽는 경우에는 주의가 필요합니다. 이를테면 天文(てんもん, 천문), 文字(もんじ, 문자) 등에 나오는 文은 'もん'으로 읽습니다. 덧붙여 文字(もんじ)는 文字(もじ)라고도 읽을 수 있습니다.

또한 文句(もんく)는 'しゃれた文句(もんく)'와 같이 '멋진 문구(글귀)'를 나타내기도 합니다만, '文句(もんく)をいう'라고 말하면 '불평하다'라는 뜻이 됩니다. 「何(なに)も文句(もんく)はありません。」 곧 '아무 불평(불만)도 없습니다.'와 같이 文句(もんく)가 '불평(불만)'으로 쓰이는 용례가 적지 않습니다. 익혀 두면 여러모로 도움이 되는 표현입니다.

앞서 일본어 文庫(ぶんこ)에 대해 설명했습니다만, 文庫(ぶんこ)와 함께 꼭 알아 두어야 할 어휘가 있습니다. 新書(しんしょ, 신서)가 그것입니다. 新書(しんしょ)도 文庫本(ぶんこぼん)과 같이 비교적 값싸고 작은 사이즈라는 점에서는 동일합니다. 그러나 결정적인 차이점은 文庫(ぶんこ)가 예전에 출판된 것을 다시 간행한 것인데 반해 新書(しんしょ)는 글자 그대로 새롭게 저술한 신간 서적을 말합니다. 다만 처음부터 일반적인 책보다 저가로 판매하기 위해 新書(しんしょ) 곧 新書判(しんしょばん, 신서판)으로 출간하는 것입니다. 우리말에도 신서(新書)가 있고 그 뜻은 일본어 新書(しんしょ)와 같습니다만, 개점 휴업한 것과 같이 실제로는 거의 사용되고 있지 않습니다.

1) **휴대**: 携帯(けいたい)라고 말합니다. 휴대폰은 携帯電話(けいたいでんわ, 휴대전화)입니다. 이를 줄여서 'ケータイ'라고 말합니다. 따라서 항상 휴대하고 다녀야 합니다. '휴대'하는 '폰'이기 때문입니다.

2) **외견**: 外見(がいけん)입니다. 外(がい, 외)가 들어가는 말에 外国人(がいこくじん, 외국인)이 있습니다. 이 外国人(がいこくじん) 중에서도 유럽인이나 미국인을 따로 外人(がいじん, 외인)이라고 합니다. 덧붙여 外車(がいしゃ)는 수입차(외제차)를 말합니다.

3) **편견**: 偏見(へんけん)이라고 합니다. 이것과 같이 잘 쓰는 말로 先入観(せんにゅうかん, 선입관)이 있습니다. 일본어에도 先入見(せんにゅうけん, 선입견)이라는 어휘가 있습니다만, 先入観(せんにゅうかん)을 더 많이 사용합니다.

4) **겉모습**: 見た目(みため)라고 합니다. 반대말로 内面(ないめん, 내면)이 있습니다.

5) **저렴**: 廉価(れんか, 염가)라고 합니다. 반대말은 高価(こうか, 고가)입니다.

6) **서점**: 書店(しょてん) 혹은 本屋(ほんや)라고 합니다. 헌책방 혹은 중고서점은 古書店(こしょてん, 고서점) 혹은 古本屋(ふるほんや)라고 하면 됩니다.

7) **안성맞춤**: '打(う)ってつけ' 혹은 'あつらえ向(む)き' 등의 표현

을 씁니다. 좀 어려운 표현입니다.

8) **익명**: 匿名(とくめい)라고 읽습니다. 売名(ばいめい, 매명)이라
는 말이 있습니다. '이름을 파는 행위'입니다. 문필가는
자신이 売名(ばいめい) 행위를 하는지를 항상 주의해야
할 것 같습니다.

일본문화 한마디

전자우편인 이메일이 발달한 지금도 일본인은 손 편지와 손으로
쓴 엽서 등을 애용합니다. 이처럼 손으로 직접 쓴 것을 일본어로 '手
書き(てがき)'라고 합니다. 일본인이 이 '手書き(てがき)'를 좋아하
는 것은 거기에 글을 쓴 사람의 혼(魂)이 들어 있다고 생각하는 경향
이 있기 때문입니다. 모든 사물에 혼이 깃들어 있다는 애니미즘의 연
장선상에 일본의 '手書き(てがき)' 문화가 자리 잡고 있다고 생각합
니다.

일본어한자어를 확인해봅시다

文科(ぶんか), 文化(ぶんか), 文飾(ぶんしょく), 文部省(もんぶ
しょう), 天文(てんもん)

제10절

물(物)

　지금은 우리에게 흔한 **광경**[1]이지만, 아니 환경을 생각하면 없어져
야 할 **풍경**[2]이지만 1990년대 말에 일본에 처음 간 저에게는 대단히
신선한 것이 있었습니다. 일본인들 대부분이 물이나 주스가 들어 있
는 페트병을 가지고 다니는 것이었습니다. 마실 것, 일본어한자어로
말하면 飮み物(のみもの)가 페트병에 들어 있다는 것이 **충격적**[3]이
었습니다.

　이 飮み物(のみもの)라는 말을 자주 사용하는 곳으로 **식당**[4]이나
레스토랑이 있습니다. 식사를 **주문**[5]하면 반드시 「お飮み物(のみも
の)は。」곧 마실 것은 무엇으로 하느냐는 **질문**[6]을 받습니다. 또한 일
본의 **이자카야**(居酒屋, いざかや)[7] 같은 술집에 가도 「お飮み物(の
みもの)は。」라는 질문을 받습니다. 그러면 대부분의 일본인은 「とり
あえずビール。」라고 답하는 경우가 적지 않습니다. "일단 맥주 주세
요."라는 말입니다. 일본어에 **익숙**[8]하지 못했을 때는 이 「とりあえず
ビール。」라는 말이 어떤 맥주의 브랜드라고 생각한 적이 있습니다.
웃지 못 할 일화입니다. 일본어 'とりあえず'는 우선, 일단이란 뜻입
니다.

　飮み物(のみもの)에 보이는 '물건 물(物)'자는 일본어한자에서는

훈독하면 'もの'라고 읽고, 음독하면 'もつ' 혹은 'ぶつ'라고 발음합니다. 따라서 飲み物(のみもの)는 훈독의 예입니다. 음식물을 일본어한자어로 말하면 食べ物(たべもの)입니다. 이때 'もの'도 훈독의 사례입니다. 이밖에도 많이 있습니다. 宝物(たからもの, 보물)도 훈독입니다. 따라서 우리말의 보물은 사실은 일본어한자어에서 왔다고 봐야 할 것 같습니다.

물건 물(物)

1. 의미: 물건, 세상의 일, 세상물정, 말
2. 음독: [もつ] 貨物(かもつ) 화물, 書物(しょもつ) 서적
   　　　　[ぶつ] 物質(ぶっしつ) 물질, 物議(ぶつぎ) 물의
3. 훈독: [もの] 物(もの)が足(た)りない 물건이 부족하다, 物(もの)を知(し)らないにもほどがある 세상물정을 모르는데도 정도가 있다, だまって物(もの)を言(い)わない 잠자코 말을 하지 않는다

物(물)의 일본어한자읽기에서는 훈독보다 음독이 좀 더 어려운 것 같습니다. 곧 어떤 때는 物을 'もつ'라고 읽고, 어떤 때는 'ぶつ'라고 읽는지 그 판단이 쉽지 않습니다. 하지만 대체적으로 다음과 같은 패턴은 있는 것 같습니다.

'일본어한자+物'의 경우, 物은 'もつ'로 읽는 경향이 있습니다. 예를 들어 食物(しょくもつ, 음식 혹은 식품), 禁物(きんもつ, 금물) 등이 그렇습니다.

'物+일본어한자'의 경우, 物은 'ぶつ'로 발음하는 경향이 있습니다. 이를테면 物件(ぶっけん, 물건), 物色(ぶっしょく, 물색) 등이 여기에 들어갑니다.

하지만 반드시 그렇지 않다는 것이 일본어한자읽기의 어려움입니다. '일본어한자+物'인데, 物을 'もつ'로 읽지 않고 'ぶつ'로 읽는 경우가 있습니다. 異物(いぶつ, 이물질), 動物(どうぶつ, 동물) 등이 그렇습니다.

그렇다면 어떻게 외워야 할까요? 기본 규칙은 알아두면서 그때그때 외울 수밖에 없을 것 같습니다. 이렇게 조금씩 중요한 일본어한자어를 익혀두면 모르는 한자어가 나와도 맞힐 수 있는 감이 길러지는 것 같습니다.

더 알고 싶은 일본어한자

1) **광경**: 光景(こうけい)라고 합니다. 저는 이 말을 볼 때면 '高(たか)みの見物(けんぶつ)'라는 표현이 떠오릅니다. 높은 곳에서 소동 따위를 구경하는 것으로 직접 관계가 없는 느긋한 입장인 방관자적 입장에서 사건의 진행을 보는 것입니다. 알아두면 유용한 표현이라고 생각합니다.

2) **풍경**: 風景(ふうけい)입니다. 이와 관련된 말로 '경치'를 뜻하는 景色(けしき)가 있습니다.

3) **충격적**: 衝撃的(しょうげきてき)라고 발음합니다. 2022년 일본의 참의원 선거를 앞두고 유세 중이던 아베 전(前) 수상이

충격을 받아 사망한 것은 말 그대로 충격적이었습니다. 민주주의 국가에서 백주대낮에 일어난 테러는 있어서는 안 되는 사건이었기 때문입니다.

4) **식당**: 食堂(しょくどう)라고 읽습니다. 2006년에 개봉된 일본 영화에 『가모메 식당(かもめ食堂)』이 있습니다. 우리말로 하면 '갈매기 식당' 정도가 됩니다.

5) **주문**: 注文(ちゅうもん)이라고 읽습니다. 일본의 근대작가인 미야자와 겐지(宮沢賢治)의 작품에 『주문이 많은 요리점(注文の多い料理店)』이라는 작품이 있습니다. 우리말과 일본어가 함께 나오는 대역본이 있습니다. 대역본은 일본어한자와 일본어 공부에 도움이 될 수 있습니다.

6) **질문**: 質問(しつもん)이라고 합니다. 우리나라 대학에서도 교수가 학생에게 질문을 하라고 하면 질문을 잘 하지 않습니다. 일본도 마찬가지입니다. 좋은 질문을 해야 한다는 강박관념이 강하기 때문이 아닌가 하는 생각이 듭니다.

7) **이자카야**: 居酒屋(いざかや)입니다. 흥미로운 것은 居酒屋(いざかや)를 우리말로 번역할 때 '선술집'으로 하는 경우가 적지 않다는 것입니다. 선술집의 사전적 정의는 '서서 간단히 술을 마시는 술집'입니다. 하지만 居酒屋(いざかや)는 그런 곳이 아닙니다. 그냥 술집입니다. 왜 굳이 선술집으로 번역하고 있는지 궁금합니다.

8) **익숙해지다**: 'なれる'라고 합니다. 이 'なれる'를 '馴れる' 혹은 '慣れる'라고 표기하기도 합니다. 익숙해지는 것만큼 무

서운 것은 없는 것 같습니다. 일본어한자읽기도 마찬가지라고 생각합니다. 꾸준히 하다보면 언젠가는 익숙해 질 것입니다.

일본의 식당에 가면 항상 놀라는 것이 있습니다. 밥이 맛있다는 것입니다. 쌀 품종 때문일 수도 있지만 일본 식당은 그때그때 밥을 짓는 것 같습니다. 그러니 밥이 맛있는 것은 당연하다고 생각합니다. 또한 화장실이 청결하다는 것입니다. 아무리 허름한 식당에 가더라도 화장실은 깨끗한 편입니다. 이 두 가지는 우리의 식당들도 노력하면 잘 할 수 있습니다. 그리고 잘 하고 있는 곳도 적지 않습니다. 그런데 일본 식당과 한국 식당의 가장 큰 차이점은 밥을 담는 용기에 있다고 생각합니다. 저렴한 한국 식당에서는 밥을 플라스틱 밥공기에 담아 주는 경우가 흔합니다. 간편하고 깨지기 쉽지 않다는 편리성 때문에 사용하는 것 같습니다. 하지만 생각해보십시오! 자기 집에서 식사할 때 플라스틱 밥공기에 밥을 담는 것은 흔하지 않습니다. 이제는 식당 문화도 바뀌어야 하지 않을까요? 그러기 위해서는 먼저 소비자의 의식이 변해야 할 것 같습니다. 플라스틱 밥공기에 만족해서는 안 된다고 생각합니다.

産物(さんぶつ), 物欲(ぶつよく), 物流(ぶつりゅう), 鉱物(こうぶつ), 遺物(いぶつ)

미(美)

　어렸을 때의 기억입니다. **학원**¹⁾이 있는 **상가**²⁾ 건물에는 '미인회화' 혹은 '美人会話'라는 **간판**⁴⁾이 걸려 있곤 했습니다. 지금은 보기 힘든 풍경입니다. 당시 저는 이 간판을 보고 '미인이 가르치는 회화' 곧 '아름다운 여자 선생님이 가르치는 회화'라고 받아들이고 어떤 곳인지 궁금했습니다. 하지만 용기가 없어서 끝내 들어가지는 못했습니다.

　상당한 시간이 지나서야 '미인회화'라는 곳은 '미국인 **원어민**⁴⁾이 가르치는 영어회화' 학원이라는 것을 알게 됐습니다. 미국인 원어민이 적었던 시절이기에 이런 광고가 학원 경영에 도움이 됐던 것 같습니다. 그리고 '美人会話'라는 표기가 가능했던 것은 우리가 United States of America를 미국(美國)이라는 한자어로 표기하기 때문입니다. 잘 알려져 있듯이 이 번역어는 중국이 옮긴 것으로 우리가 차용하고 있는 것입니다. 만약 저라면 United States of America를 합국(合國)이나 연국(聯國) 등으로 번역했을 것 같습니다.

　그런데 United States of America의 일본어한자어는 美国이 아니라 米国(べいこく, 미국)입니다. 일본인이 미국을 '쌀 미(米)'를 써서 米国(べいこく)라고 나타낸 것은 미국의 쌀 생산량이 많기 때문이 아닙니다. 쌀과는 전혀 관련이 없습니다. 앞에서도 이미 언급했습니다만, 지금과 달리 예전에 일본인은 미국을 '亜米利加'라고 표기하고, 'あめりか'라고 읽었습니다. 곧 '亜米利加'라는 표기는 한자의 뜻과는 전혀 관련이 없습니다. 일자일음(一字一音) 곧 한자의 음(音)을 빌려 America를 '亜米利加'라고 표기했을 뿐입니다. 영어 coffee를 보통 가타가나로 'コーヒー'라고 표기합니다만, 예전에는 珈琲라고 한자어로 적었던 것처럼 말입니다. 이후 '亜米利加'를 줄여서 米国(べいこく)라고 하거나 가타가나로 'アメリカ'라고 표기하게 됐습니다. 곧 '쌀 미(米)'의 음독인 'べい'에 '나라 국(国)'의 음독인 'こく'를 붙여서 米国(べいこく)로 한 것입니다.

아름다울 미(美)

1. 의미: 아름답다, 훌륭하다, 칭찬하다, 이성과 감성이 조화된 순수한 느낌
2. 음독: [び] 美人(びじん) 미인, 美談(びだん) 미담, 賛美(さんび) 찬미, 美意識(びいしき) 미의식
3. 훈독: [うつくしい] 美(うつく)しい景色(けしき) 아름다운 경치

美(び)라는 일본어한자어는 어려운 한자어가 아닙니다. 다만 인명 등에 들어가는 美(び)는 '美(み)'라고 읽기도 합니다. 이를테면 일본을 대표하는 가수 중에 미소라 히바라(美空ひばり)가 있습니다.

美(び)가 들어가는 한자 숙어에 흥미로운 표현이 있습니다. 八方美人(はっぽうびじん) 곧 팔방**미인**[5]이라는 말이 그것입니다. 일본

어 八方美人(はっぽうびじん)은 주로 '누구에게도 잘 보이려는 사람을 경시하여 부르는 말'로 결코 긍정적인 말이 아닙니다. 부정적인 표현입니다. 따라서 '그 사람은 팔방미인이야.'라고 하면 결코 긍정적인 평가가 아닙니다. 우리도 팔방미인이라는 말을 자주 씁니다. 일본어 八方美人(はっぽうびじん)과 달리 여러 가지 일에 능숙한 사람을 비유적으로 나타낼 때 쓰는 긍정적인 표현입니다. 같은 한자 숙어를 사용하고 있는데 그 의미가 상이하다는 점이 너무 흥미롭습니다.

일본어 八方美人(はっぽうびじん)과 우리말 팔방미인이 뜻하는 바는 다르지만 이 숙어가 '여러 가지' 혹은 '여러모로'와 같은 의미를 가지고 있는 것은 바로 八方(はっぽう) 곧 '팔방(八方)'이라는 한자어 때문입니다. 이 말은 동, 서, 남, 북, 북동, 남동, 북서, 남서의 여덟 방위를 가리킵니다. 여기서 '여러 가지' 혹은 '여러모로'와 같은 뜻이 나오게 된 것입니다.

그런데 **북한**[6]에서는 우리말 팔방미인의 의미로 사방미인(四方美人)이라는 말을 쓴다고 합니다. 사방(四方)이 동, 서, 남, 북의 네 방위를 가리키고, 이 말이 '모든 것' 혹은 '여러 곳'을 비유해서 사용하기에 팔방미인의 의미로 사방미인을 사용하는 것은 충분히 이해가 갑니다. 한편 중국어에서는 우리말 팔방미인을 八面美人(bā miàn měi rén)라고 한답니다. 면(面)에는 얼굴이라는 뜻과 함께 '방향' 등의 뜻도 있기에 중국어 八面美人(bā miàn měi rén)의 쓰임도 이해가 갑니다.

그렇다면 한자어 八方美人은 언제, 어디에서 누가 처음 사용했는

지 궁금해집니다. 알면 알수록 흥미로운 것이 **동아시아**[7]의 한자어
라고 **생각**[8]합니다.

더 알고 싶은 일본어한자

1) **학원**: 일본에서 'ㅇㅇ学院(がくいん)'이라고 말하면 우리가 흔
히 말하는 학원보다는 기독교 기관이 설립한 대학을 가리
키는 경우가 더 많습니다. 우리가 보통 말하는 수학 학원
등은 일본어로 塾(じゅく)라고 부릅니다.

2) **상가**: 商店街(しょうてんがい)라고 합니다. 일본에서는 이런 상
가에 雜貨店(ざっかてん, 잡화점)이 있는 경우가 흔합니
다. 평소 잘 볼 수 없는 물건도 간혹 있습니다. 흥미로운
곳입니다.

3) **간판**: 看板(かんばん)이라고 합니다. 일본어에 看板娘(かんば
んむすめ)라는 말이 있습니다. 이 말은 看板(かんばん,
간판)에다 아가씨를 뜻하는 娘(むすめ)를 더해 만든 말로
그 가게를 대표하는 아름다운 아가씨라는 말입니다. 한편
우리말에는 '간판 따러 대학에 간다'라는 표현이 있습니
다. 이들 표현은 '간판'의 원래 의미가 확장된 것을 보여
줍니다. 참고입니다만 看板이라는 한자어는 일본에서 온
말입니다. 간판과는 개념이 조금 다릅니다만 우리가 쓰는
말에 글을 새겨 문이나 벽 등에 거는 것을 가리키는 현판
(懸板)이 있습니다.

4) **원어민**: 어떤 나라의 말을 모국어로 쓰는 사람인 원어민을 우리와 달리 일본에서는 原語民이라는 한자어로 쓰지 않고 영어 native의 가타카나 표기인 'ネイティブ' 혹은 'ネーティブ'를 씁니다.

5) **미인**: 美人(びじん)이라고 합니다. 일본의 동북지방 북서쪽에 위치한 秋田(あきた) 지역의 미인을 秋田美人(あきたびじん)이라고 부릅니다.

6) **북한**: 北朝鮮(きたちょうせん)이라고 부릅니다. 한편 우리나라는 韓国(かんこく)라고 합니다.

7) **동아시아**: '東(ひがし)アジア'라고 합니다. 일본에서는 영어 asia의 표기로 亜細亜를 썼던 적이 있습니다.

8) **생각**: '考え(かんがえ)'라고 합니다. 사고방식은 考え方(かんがえかた)입니다. '－方(かた)'는 '-법'이라고 해석하는 경우가 많습니다. 예컨대 見方(みかた)는 '보는 법' 또는 '견해'라는 의미입니다.

일본문화 한마디

제가 일본에 처음 갔던 때는 1997년경이었습니다. 일본에 가자마자 제 눈에 들어왔던 광경은 흡연을 하는 젊은 여성들이었습니다. 당시 우리나라에서는 보기 드는 모습이었습니다. 또한 언뜻 보기에 외모가 우리나라 여성보다 좀 못하다는 느낌이었습니다. 하지만 일본에서 생활하면서 제가 가졌던 여성의 미(美)에 대한 기준이 시대

적 산물이고 상대적인 것이라는 것을 차차 알게 됐습니다. 그리고 외모뿐만이 아니라 말씨, 마음씨, 태도, 표정 등도 사람의 아름다움을 구성하는 중요한 요소라는 것도 알게 됐습니다. 한편 아름다움을 느끼는 데에는 개인차도 큰 것 같습니다. 우리말에 '제 눈에 안경'이라는 말이 있듯이 일본어에도 '痘痕(あばた)も靨(えくぼ)'라는 말이 있습니다. 마맛자국도 보조개로 보인다는 의미입니다. 이해하기는 쉽지만 요즘의 감수성에는 맞지 않는 표현인 것 같습니다.

일본어한자어를 확인해봅시다

美少女(びしょうじょ), 美少年(びしょうねん), 美男子(びだんし), 美女(びじょ), 美容(びよう)

백(白)

초등학교 때라고 생각합니다. 당시는 지금과 달리 우리나라의 일 반적인 주거 형식이 아파트가 아니었습니다. 1층 혹은 2층짜리 단 독주택이 보편적이었습니다. 그리고 이 단독주택에는 흔히 말하는 **집주인**[1]과 세입자가 함께 살았습니다. 집주인이 1층에 살면 전세나 **월세**[2]로 세 들어 사는 사람은 반지하에서 거주했고, 집주인이 2층에 살면 세입자는 1층이나 반지하에서 살았습니다. 이런 공동생활이 보편적이었던 것은 지금과는 비교가 되지 않을 정도로 서울의 주택 사정이 좋지 않았기 때문입니다. 인구는 넘쳐났지만 주택 보급은 이 에 미치지 못했던 것입니다.

예나 지금이나 자기 집을 소유하는 것은 서민의 삶에서 중요한 목 표 가운데 하나입니다. 한 세대 전만 해도 집을 사서 현관에 자기 이 름 석 자가 들어간 **문패**[3]를 다는 것은 보통 사람들의 로망이었습니 다. 지금은 이미 낯선 풍경이 되어 버렸지만 말입니다. 하지만 아직 도 단독 주택이 적지 않은 일본에서는 현관에 문패가 걸려 있는 집을 발견하는 것은 그리 어렵지 않습니다. 다만 우리와 차이점이 있다면 우리가 '홍길동' 혹은 '洪吉童'처럼 그 집 가장의 성명을 적는데 반 해 일본에서는 사토(佐藤)처럼 가장의 성(姓)만 드러내거나 가족 전체의 성명을 모두 제시한다는 점입니다.

초등학생이었던 저는 문패와 더불어 손글씨로 '주인백'이라는 글자가 적혀 있는 종이 안내문이 현관에 붙어 있는 것을 종종 목격했습니다. 이를테면 '남의 집 현관 앞에 **쓰레기**[4]를 버리지 마시오. 주인백' 혹은 '초인종으로 장난치지 마시오. 주인백' 같이 말입니다. 한자(漢字)를 몰랐던 저는 '이 집의 집주인은 백 씨구나!'라고 생각했습니다. 그런데 희한하게도 이와 같은 경고성 종이에는 항상 '주인백'이라는 표현이 나왔습니다. '우리나라에는 김 씨와 이 씨 그리고 박 씨가 많다고 들었는데, 백 씨도 진짜 많구나!'하고 생각했습니다.

한자를 배우기 시작한 것은 중학교에 들어가서였습니다. 하지만 '주인백'이 '주인이 백 씨'를 가리키는 것이 아니라는 것을 알게 된 것이 중학생 때였는지는 명확하지 않습니다. 다만 확실한 것은 백(白)이라는 한자의 의미를 **사전**[5]에서 찾아본 것은 부끄럽게도 대학 입학 후인 것 같습니다.

대학에서 일본어교육학을 전공하다 보니 자연스럽게 일본어한자를 접하게 됐고, 부지불식간에 한자의 의미에도 관심을 가지게 됐습니다.

흰 백(白)

1. 의미: 희다, 깨끗하다, 밝다, 아뢰다
2. 음독: [はく] 白状(はくじょう) 자백
   [びゃく] 黒白(こくびゃく) 흑백

3. 훈독: [しろ] 白黒(しろくろ) ① (빛깔의) 흑백 ② (옳고 그름의)
　　　 흑백

　　[しら] 白髮(しらが) 흰머리

　　[しろい] 白い(しろい) 희다, 하얗다

　일본어사전에서 白(はく)을 찾아보니 여기에는 '희다'라는 뜻만
이 아니라 '아뢰다'라는 뜻도 있었습니다. 이로써 '주인백'이 '주인
이 백 씨'가 아니라 '주인이 알린다'를 가리킨다는 것을 알 수 있었
습니다. 예컨대 白狀(はくじょう)는 우리말로 '자백'이라고 옮길 수
있는데, 이때 白(はく)가 '아뢰다'의 의미입니다.

　白(はく)가 쓰이는 용례 가운데 흥미로운 것은 白黒(しろくろ, 백
흑)라는 어휘입니다. 우리말로 하면 순서가 바뀌어서 흑백이 됩니
다. 일본에 유학 갔을 때였습니다. 일본어 공부도 할 겸 머리도 식힐
겸 가끔 예능 프로를 봤습니다. 그 가운데 흥미로운 프로가 있었습니
다. 이 프로그램에 나오는 출연자는 자신의 **애인**[6)]이 **바람을 피우**[7)]는
지 아닌지를 사회자에게 의뢰했습니다. 의뢰를 받은 사회자는 의심
을 사는 상대방의 집에 몰래 들어가서 그(녀)의 소지품을 확인한 후
바람을 피웠다는 확신이 들면 黒(くろ)라고 말했고, 그렇지 않으면
白(しろ)라고 말했습니다. 당시는 유학 초기였기에 왜 이런 상황에
서 黒(くろ)와 白(しろ)라는 표현을 사용하는지 이해하지 못했습니
다. 예능 프로를 보던 도중 일본어사전을 찾아보니 白(しろ)에는 '결
백 혹은 **무죄**[8)]'라는 뜻이 있었습니다. 앞에서 살펴본 白(はく)에 '깨
끗하다'라는 의미와 통하고 있습니다. 그래서 우리는 潔白(けっぱ

く, 결백) 라는 말을 쓰는 것입니다. 한편 黑(くろ)에는 '유죄'라는 뜻이 있었습니다.

한국어에도 백(白)이라는 한자가 들어 있는 어휘가 적지 않습니다. 그러나 일본어한자 白(はく)에 포함되어 있는 '결백 혹은 무죄'라는 뜻을 나타내는 백(白)이 들어가 있는 어휘는 없는 듯합니다. 그 대신 일본어한자어에는 없는 한국식 한자어인 '특별히 하는 일 없이 빈둥거리는 사람을 속되게 이르는 말'인 백수(白手)라는 말은 있습니다. 한자 백(白)에 '공허하다', '비어 있다'라는 의미가 있습니다. 백지(白紙)와 공백(空白)이 여기에 해당합니다. 그렇다면 '아직 취업을 하지 못한 사람'을 지칭하는 백수(白手)라는 말은 충분히 이해가 갑니다. 수(手)에는 '사람'이라는 뜻이 있습니다. 하지만 '백조'는 어떤가요? '백조의 호수' 곧 '白鳥(はくちょう)の湖(みずうみ)'에 나오는 백조(白鳥)가 한국어 '백조'의 쓰임을 알게 되면 어떤 표정을 지을까요?

더 알고 싶은 일본어한자

1) **집주인**: 大家(おおや)라고 합니다. 저도 일본에서 유학했을 때 목조아파트나 맨션에서 월세를 내고 산 적이 있습니다. 일본에서 세 들어 살 때는 방에 함부로 못질 같은 것을 해서는 안 됩니다. 나중에 이사 갈 때 모두 원상태로 돌려놔야 하기 때문입니다. 우리도 계약서에는 그렇게 쓰여 있지만 그것을 그리 엄격하게 적용하지는 않는 것 같습니다.

2) **월세(집세)**: 家賃(やちん)이라고 합니다. 일본에서는 이것 외

에 보증금을 뜻하는 敷金(しききん)과 사례금인 礼金(れいきん)이 있습니다. 특히 礼金(れいきん)은 우리에게는 없는 것으로 집을 빌려 준 집주인에게 감사하다는 의미로 내는 돈입니다. 일본에서는 보통 礼金(れいきん)이 있지만 홋카이도와 같이 주택 사정이 좋은 곳, 곧 세입자가 유리한 곳에서는 없기도 합니다.

3) **문패**: 表札(ひょうさつ)라고 합니다. 일본에서는 흔히 볼 수 있습니다. 나무로 제작하는 것이 일반적입니다.

4) **쓰레기**: 'ごみ'라고 읽고 芥(개), 塵(진), 埃(애) 같은 한자를 쓰기도 합니다. 참고로 음식물 쓰레기는 生ごみ(なまごみ)라고 합니다. 일본에서는 이밖에 '燃(え)るごみ'나 '燃(え)ないごみ' 같은 표현도 씁니다. '燃(え)るごみ'는 타는 것으로 종이 등이 들어가고, '燃(え)ないごみ'는 타지 않는 것으로 철이나 알루미늄 등이 여기에 해당합니다.

5) **사전**: 辞書(じしょ) 혹은 辞典(じてん)이라고 합니다. 字引(じびき)라는 말을 쓰기도 합니다.

6) **애인**: 恋人(こいびと, 연인)라고 합니다. 愛人(あいじん, 애인)이라고 말하면 정부(情婦) 혹은 바람피우는 상대를 가리킵니다.

7) **바람을 피우다**: '浮気(うわき)をする'라고 합니다. 보통 浮気(うわき)는 말 그대로 '바람'으로 끝나기도 합니다만, 本気(ほんき)는 다릅니다. 本気(ほんき)로 바람을 피우면 이혼

이나 헤어질 것을 각오하고 바람을 피우기 때문입니다. 일
본 드라마를 보면 바람을 피우는 상대에게 本気(ほんき)인
지 아닌지를 묻는 장면이 나오는 것은 이런 이유 때문입니다.

8) **무좌:** 無罪(むざい)라고 읽습니다. 유죄는 有罪(ゆうざい)라고
합니다. 이들 단어에 나오는 罪(ざい)는 罪를 음독한 것
입니다. 罪를 훈독을 하면 罪(つみ)가 됩니다.

일본의 소설가 야마자키 도요코(山崎豊子)의 작품 가운데『白い
巨塔』곧『하얀 거탑』이 있습니다. 히라가나로 표기하면 'しろいきょ
とう'가 됩니다. 대학병원을 배경을 한 의료 문제 등을 다른 사회소설
입니다. 영화와 드라마로도 제작된 바가 있고, 우리에게도 잘 알려
져 있습니다. 여기에는 명대사가 적지 않게 나옵니다. 그 중에서 제
마음에 가장 다가왔던 것은 주인공이 암으로 죽기 직전에 말했던 無
念(むねん, 무념)이라는 말입니다. 이 어휘는 원래 불교 용어인데 일
본어 'くやしい' 곧 '뜻한 바를 이루지 못해서 분하고 원통하다'는 의
미로 쓰이는 경우가 적지 않습니다. 주인공이 남긴 無念(むねん)이
라는 말은 삶을 살아가면서 어떤 가치를 가장 소중히 해야 하는지를
생각하게 합니다.

白衣(はくい), 紅白(こうはく), 空白(くうはく), 告白(こくはく), 色白
(いろじろ)

부(父)

일본어로 아빠는 'パパ', 아버지는 'お父(とう)さん' 등으로, 엄마는 'ママ', 어머니는 'お母(かあ)さん' 등으로 불립니다. 저에게는 **딸**[1] 아이가 두 명 있습니다. 엄마가 일본인이기에 두 딸은 모두 우리말과 일본어를 완벽하게 구사하는 바이링구얼 곧 이중언어화자입니다. 희한하게도 첫째는 어렸을 때 저를 'マパ'라고 불렀습니다. 'マパ'라는 말은 일본어에는 없는 말입니다. 따라서 **장녀**[2]가 만든 조어라고 볼 수 있습니다. 아마도 제가 엄마(ママ) 역할과 아빠(パパ) 역할을 거의 동시에 했기 때문에 장녀는 저를 엄마이자 아빠라고 생각해서 'ママ'와 'パパ'를 줄여서 'マパ'라고 했나 봅니다. 지금은 'マパ'라는 일본어가 없다는 것을 알아서인지 저를 'パパ'라고 **부릅니다**[3].

그런데 막내도 어렸을 때 저를 'マパ'라고 불렀습니다. 첫째와 둘째는 네 살 터울이기에 둘째가 첫째에게서 'マパ'를 배울 수는 없었습니다. 둘째가 말을 배우기 시작했을 때 첫째는 'マパ'라는 말을 쓰지 않았기 때문입니다. 둘째도 저를 엄마이면서 아빠라고 인식했나 봅니다. 물론 지금은 둘째도 저를 'パパ'라고 부릅니다. 딸아이들이 사용했던 **신조어**[4] 'マパ'는 유아기의 언어였나 봅니다.

아버지인 'お父(とう)さん'을 더 높이면 'お父様(とうさま)'가 되고,

어머니인 'お母(かあ)さん'을 더 높이면 お母樣(かあさま)가 됩니다. 한편 아버지인 父(ちち, 부)를 높이면 父上(ちちうえ)가 되고, 어머니인 母(はは, 모)를 높이면 母上(ははうえ)가 됩니다. 특히 父上(ちちうえ)와 母上(ははうえ)와 같은 표현은 우리의 사극에 해당하는 일본의 **대하**[5](大河)드라마에 자주 나옵니다.

그렇다면 장인어른과 장모님은 뭐라고 할까요? 각각 '義理(ぎり)のお父(とう)さん', '義理(ぎり)のお母(かあ)さん'이라고 합니다. 줄여서 'お父(とう)さん', 'お母(かあ)さん'이라고 부릅니다. 여기서 義理(ぎり, **의리**[6])의 의미는 혈연관계가 아닌 친족관계를 나타내는 말입니다. 우리의 '의리'와 쓰임이 많이 다릅니다.

부(父)와 밀접한 관련이 있는 모(母)에는 흥미로운 표현이 있습니다. 우리말에 현모양처(賢母良妻)라는 표현이 있습니다. 사전적 의미는 아이에게 인자하고 어진 어머니이자 남편에게 착하고 좋은 아내를 가리킵니다. 이와 같은 표현이 일본어에도 있습니다. 그런데 모(母)와 처(妻)가 나오는 순서가 우리말과 **반대**[7]입니다. 곧 良妻賢母(りょうさいけんぼ, 양처현모)입니다. 남편에게 착하고 좋은 아내이자 아이에게 인자하고 어진 어머니라는 의미입니다. 우리말에서는 어머니가 먼저인데, 일본어에서는 아내가 먼저입니다. 일본인과 국제**결혼**[8]을 하고 아이들을 키우고 있는 저로서는 왜 일본어가 良妻賢母(りょうさいけんぼ)인지를 잘 알 수 있습니다. 한국과 일본에서는 부부의 모습과 부모 자식 간의 모습이 상당히 다릅니다. 우리말 현모양처와 일본어 良妻賢母(りょうさいけんぼ)는 그 실태를 잘 보여주고 있다고 생각합니다.

1. 의미: 아버지, (비유적적으로)선구자

2. 음독: [ふ] 父母(ふぼ) 부모

3. 훈독: [ちち] 父(ちち) 아버지, 交響曲(こうきょうきょく)の父(ち
　　　ち) 교향곡의 아버지

　　　[おっと] 夫(おっと) 남편

　　저는 일본에서 유학했을 때 삿포로에 있는 고등학교와 대학교에
서 한국어 강사를 한 적이 있습니다. 한국어 수업에서 제가 학생들
에게 우리말의 남편(男便) 곧 일본어의 夫(おっと, 부)를 가르칠 때
마다 학생들에게 "男便이라는 한자는 무슨 의미일까요?"라고 질문
을 했었습니다. 그러면 대부분의 학생들이 「男性用(だんせいよう)ト
イレットペーパー。」 곧 "남성용 화장지."라고 대답합니다. 신기하지
않습니까? 그러면 제가 왜 그렇게 생각하느냐고 다시 묻습니다. 그
럼 "便(べん, 편)이라는 한자가 있기 때문이다."고 답합니다. 그렇습
니다. 便(べん)은 便所(べんじょ, 변소)의 便(べん)이기 때문입니다.
또한 便器(べんき, 변기)의 便(べん)이기 때문입니다. 그들의 연상
능력에 늘 놀랍니다.

1) **딸**: 娘(むすめ)라고 합니다. 아들은 息子(むすこ)라고 합니다.
　　　일본어에 男尊女卑(だんそんじょひ, 남존여비)라는 말이

있습니다. 일본인은 한국사회를 비판할 때 이 표현을 자주 씁니다. 그런데 일본사회를 보면 '과연 우리에게 이런 비판을 할 수 있을까?' 하는 생각이 들 때가 적지 않습니다. '일본이 우리보다 좀 더 심하지 않나?' 하는 생각이 들 때가 많기 때문입니다.

2) **장녀**: 長女(ちょうじょ)라고 합니다. 둘째 딸은 次女(じじょ, 차녀)라고 하는데, 二女(じじょ)라고도 씁니다. 흥미로운 것은 이와 같은 자매(姉妹)를 일본어에서는 兄弟(きょうだい, 형제)라고도 부른다는 것입니다. 물론 姉妹(しまい)라는 말도 씁니다.

3) **부르다**: 呼ぶ(よぶ)라고 합니다. 관련 어휘로 呼び名(よびな)가 있습니다. 우리말로 하면 호칭입니다.

4) **신조어**: 新造語(しんぞうご)라고 부릅니다. 우리말도 신조어가 적지 않습니다만, 일본어는 정말 많은 편입니다. 그리고 그만큼 신조어는 얼마 지나지 않아 사라집니다. 생명력이 길지 않기 때문입니다.

5) **대하**: 大河(たいが)라고 말합니다. 규모가 크다는 것을 비유적으로 이르는 말입니다. 일본의 국영방송인 NHK는 매주 일요일에 '大河(たいが)ドラマ' 곧 대하드라마를 방송합니다. 규모가 대단히 크고 웅장하며 하나의 드라마를 거의 1년 가까이 방송합니다. 제작비용이 많이 들어가기로 유명합니다. 그런데 흥미로운 것은 그 시대배경이 주로

일본의 막부 말기이거나 근대 초기라는 점입니다. 그만큼 일본인에게 이 두 시기가 격동기이기도 하지만 중요한 시기라는 것을 말해 줍니다.

6) **의리**: 義理(ぎり)라고 합니다. 다만 우리의 의리와 그 쓰임이 다소 다르다는 좀에 유의할 필요가 있습니다. 예컨대 밸런타인데이에 특별한 감정 없이 여성 부하 직원이 남성 상사에게 주는 초콜릿을 '義理(ぎり)チョコ' 곧 '의리 초콜릿'이라고 합니다. 물론 그 반대도 가능합니다. 따라서 이 '義理(ぎり)チョコ'는 인간관계를 위해 주는 초콜릿을 의미합니다.

7) **반대**: 反対(はんたい)라고 합니다. 찬성은 賛成(さんせい)라고 말합니다.

8) **결혼**: 結婚(けっこん)이라고 합니다. 국제결혼은 国際結婚(こくさいけっこん)이라고 합니다. 일본에서는 자녀가 결혼을 할 때 부모가 반대하는 경우가 우리보다 적은 것 같습니다. 좋은 의미로든 나쁜 의미로든 자식의 인생은 자식의 인생이라고 받아들이는 부모가 많기 때문입니다.

일본문화 한마디

앞에서도 잠깐 언급했지만 일본의 부모와 자식 간의 관계와 우리나라의 부모와 자식 간의 관계는 다른 부분이 많습니다. 이를테면 스킨십이 그렇습니다. 일본인은 우리에 비해 스킨십이 너무 적은 편

입니다. 그렇다고 자식을 사랑하지 않는 것은 아닙니다. 다만 표현에 차이가 있을 뿐입니다. 또한 자식이 다른 사람 앞에서 자기 아버지의 이름을 존칭 없이 부르는 경우도 적지 않습니다. 예컨대 아버지 이름이 사사키 히로시(佐々木ひろし)라고 한다면 "우리 히로시(ひろし)는……"처럼 말입니다. 친근함을 나타내는 표현일 수도 있지만 아버지에 대한 존경의 마음이 없기 때문일 수도 있습니다.

일본어한자어를 확인해봅시다

祖父(そふ), 祖父母(そふぼ), 義父(ぎふ), 父方(ちちかた), 父親(ちちおや)

사(四)

일본문화에서는 피하고 싶어 하는 숫자가 있습니다. 9입니다. 9의 일본어한자는 구(九)인데 이것은 'く'라고 읽습니다. 이 숫자 9의 발음이 '괴롭다'의 '苦しい(くるしい)'에 나오는 'く'를 **연상**[1]하게 하기 때문에 일본인은 일본어한자는 '九(く)'를 피하고자 합니다.

이와 같이 **발음**[2]에 의한 연상 때문에 기피되는 숫자가 있습니다. 전형적인 사례가 4입니다. 우리나라의 경우를 보겠습니다. 엘리베이터를 타면 4층이 F층으로 적혀 있다든지 **음성**[3]으로 "F층입니다." 라고 나오는 경우가 있습니다. 4층을 이렇게 적거나 발음하는 것은 '넉 사(四)'와 '죽을 사(死)'의 발음이 같기 때문입니다.

四(사)와 死(사)의 일본어발음은 둘 다 'し'입니다. 따라서 우리와 같은 연상이 가능합니다. 하지만 일본어에서 四는 'し'로도 'よん'으로도 읽을 수 있는데, 4층은 'よんかい'라고 읽습니다. 따라서 우리만큼 4층을 굳이 다르게 부르고자 하는 **의식**[4]이 크지는 않습니다. 이때 'し'는 음독이고 'よん'은 훈독입니다.

四의 일본어 음독 'し'를 보겠습니다. 4월은 四月(しがつ)입니다. 일본을 대표하는 여배우 중에 마쓰 다카코(松たか子)가 있습니다. 그의 대표작이 바로 『4월 **이야기**[5]』 곧 『四月物語』입니다. 영화 제목을 히라가나로 적으면 'しがつものがたり'가 됩니다. **첫사랑**[6]을 다룬 로맨스 **작품**[7]입니다. 이밖에 四(し)라고 읽는 예로는 四季(しき, 사계), 四方(しほう, 사방) 등이 있습니다.

앞에서도 언급했듯이 四의 일본어 훈독은 'よん'입니다. 四回(よんかい, 4회), 四ヶ月(よんかげつ, 4개월), 四週間(よんしゅうかん, 4주간) 등이 있습니다.

또한 四의 훈독으로 'よ'도 있습니다. 네 사람을 가리키는 四人(よにん)에 보이는 '四(よ)'가 **대표적**[8]입니다.

또 다른 훈독으로 'よっ'도 있습니다. 네 개의 '四つ(よっつ)'가 그것입니다.

넉 사(四)

1. 의미: 사, 넷
2. 음독: [し] 四捨五入(ししゃごにゅう) 사사오입
3. 훈독: [よん] 四番目(よんばんめ) 네 번째
   [よ] 四年(よねん) 사 년, 四時(よじ) 네 시
   [よっ] 十四日(じゅうよっか) 14일

이 가운데 四를 'よん'으로 읽는 경우는 수사(数詞)와 관련된 경우가 많습니다. 이를테면 四才(よんさい, 4살), 四番地(よんばんち, 4번지), 四週間(よんしゅうかん, 4주간), 四枚(よんまい, 4장), 四倍(よんばい, 4배), 四冊(よんさつ, 4권)처럼 말이다.

1) **연상**: 連想(れんそう)라고 말합니다. 관련 어휘로 連想作用(れ
んそうさよう, 연상 작용)가 있습니다. 작용을 作用(さよう)
라고 읽는 것이 어려울 수 있습니다. 作는 보통 'さく'라고
읽지만 여기서는 'さ'라고 발음합니다.

2) **발음**: 発音(はつおん)입니다. 한국인 학습자에게 일본어의
'つ'와 'ざ' 발음은 어렵습니다. 우리말에 없는 발음이기
때문입니다. 또한 장음 발음도 쉽지 않습니다. 장음 발음
은 반드시 의식적으로 길게 해야 합니다.

3) **음성**: 音声(おんせい)라고 합니다. 음성학은 音声学(おんせ
いがく)라고 읽습니다.

4) **의식**: 意識(いしき)라고 읽습니다. 피해의식이라는 말이 있는
데 일본어로는 被害者意識(ひがいしゃいしき, 피해자 의
식)라고 합니다.

5) **이야기**: 일본어 物語(ものがたり)를 우리말로 '이야기'라고 번
역하기도 합니다. 예컨대 일본의 고전산문을 대표하는 것
에『源氏物語(げんじものがたり)』가 있습니다. 이를 보통
『겐지 이야기』라고 번역합니다.

6) **첫사랑**: 初恋(はつこい)라고 합니다. 여기서 初(はつ)는 훈독
입니다. 그런데 첫 대면은 初対面(しょたいめん)이라고
읽습니다. 여기서 初(しょ)는 음독입니다.

7) **작품**: 作品(さくひん)이라고 읽습니다. 作品의 일본어한자인

品(ひん)의 훈독은 'しな'입니다. 品(しな)라고 하면 물건
이라는 뜻이 됩니다. 예컨대 品物(しなもの)는 물품이나
상품을 말합니다.

8) **대표적**: 代表的(だいひょうてき)라고 읽습니다. 일본을 대표하
는 인물 가운데 후쿠자와 유키치(福沢諭吉)가 있습니다.
일본 게이오(慶応)대학교의 창립자입니다. 그는 일본의
근대계몽가라고 부를 수 있습니다만, 그의 저서 『脱亜論
(だつあろん)』 곧 『탈아론』은 아시아 멸시와 불가분의 관
계에 있습니다.

일본문화 한마디

四(し)에서 보이는 발음에 의한 연상은 숫자 29에서도 보입니다.
일본에서 29일은 불고기를 먹는 날로 널리 알려져 있습니다. 29를
일본어로 'にく'라고 읽을 수 있는데 이것이 고기인 육(肉, にく)의 발
음을 연상시키기 때문입니다. 불고기 전문점의 상술에서 시작됐다
고 추정됩니다. 잘 알려진 이야기입니다만 일본은 근대 이전에는 네
발 달린 동물은 잘 먹지 않았습니다. 불교 영향이라고 생각합니다.
그래서 근대에 들어 육류 소비를 늘리기 위해 여러 가지 노력을 했습
니다. 우선 천황부터 고기를 먹고 있다는 것을 어필을 해야 했습니다.
또한 돈가스 같은 요리를 개발하여 육류 소비를 권장했습니다. 이처
럼 근대일본은 육식에 많은 신경을 썼습니다. 고기를 먹는다는 것은
근대화를 한다는 것이었고, 그것은 문명화로 이어졌기 때문입니다.

四面楚歌(しめんそか), 四個(よんこ), 四匹(よんひき), 四重奏(しじゅうそう), 二十四日(にじゅうよっか)

수(手)

초등학교[1] 때 **야구**[2]를 하는 것이 저의 일상이었습니다. 야구에는 투수, 포수, 내야수, 외야수 등과 같은 많은 포지션이 있는데, 저를 포함하여 아이들에게 특히 인기가 있었던 것은 투수였습니다. 아이들의 세계에서 투수는 누구나 가장 하고 싶은 자리였고, 포수는 가장 하기 싫은 자리였습니다. 투수가 인기가 있었던 것은 한마디도 멋져 보였기 때문이었고, 포수가 인기가 없었던 것은 폼이 나지 않는 자리였기 때문입니다.

그런데 야구를 하는 내내 공을 던지는 사람을 왜 투수라고 하는지, 공을 잡는 사람을 왜 포수라고 하는지가 궁금했습니다. 이것만이 아니었습니다. 내야수에는 일루수, 이루수, 삼루수가 있었습니다. 각각 일루 베이스와 이루 베이스 그리고 삼루 베이스를 지키는 사람을 부르는 말입니다. 이밖에도 유격수 등도 그 명칭의 유래를 알고 싶었습니다.

초등학교 때 품었던 의문은 대학에 들어가서 일본어를 배우면서 풀렸습니다. 투수는 投手라는 한자어였다는 것을 알게 됐습니다. 또한 포수는 捕手, 내야수는 內野手, 외야수는 外野手, 일루수는 一壘手, 이루수는 二壘手, 삼루수는 三壘手, 유격수는 遊擊手라는 한자를 쓰고 있었습니다. 이들 어휘는 수(手)라는 한자가 공통으로 들어가 있었습니다. 곧바로 일본어사전을 찾았습니다.

손 수(手)

1. 의미: 손, 자기 스스로 만든, 어떤 일을 하는 사람
2. 음독: [しゅ] 握手(あくしゅ) 악수, 選手(せんしゅ) 선수, 歌手(かしゅ) 가수
3. 훈독: [て] 手製(てせい) 수제

手(しゅ)에는 우리가 잘 알고 있는 '손'이라는 뜻도 있었지만 '어떤 일을 하는 사람'이라는 뜻도 있었습니다. 그때 깨달았습니다. 야구에서 '공을 던지는 사람'을 왜 投手라고 하는지, '공을 잡는 사람'을 왜 捕手라고 하는지 말입니다. 投手의 投는 '던질 투'이고, 捕手의 捕는 '잡을 포'입니다.

지금은 좀 알려져 있지만 영어 baseball을 野球(やきゅう, 야구)라고 번역한 사람은 일본 시인인 마사오카 시키(正岡子規)라는 사람입니다. 마사오카 시키는 일본 문호인 나쓰메 소세키(夏目漱石)와 친한 친구였다고 합니다. 그는 야구를 너무 좋아하여 야구라는 스포츠 명칭뿐만이 아니라 야구에 나오는 투수, 포수 등과 같은 여러 명칭을 일본어로 번역했습니다. 곧 영어 pitcher를 投手(とうしゅ, 투수)로, catcher를 捕手(ほしゅ, 포수)로 옮겼던 것입니다. 그리고 그 번역어가 한자어였기에 별다른 위화감 없이 식민지 조선에 유입됐고,

지금까지 우리나라에서 쓰이고 있는 것입니다.

그런데 흥미로운 것은 정작 일본인들은 현재 그들이 공들여 일본어로 옮겼던 번역어 投手(とうしゅ)를 버리고 영어 pitcher의 일본어 발음인 'ピッチャー'를 쓰고, 捕手(ほしゅ)를 버리고 영어 catcher의 일본어 발음인 'キャッチャー'를 쓰고 있다는 점입니다. 이런 경향은 여기저기서 확인됩니다. 일본인은 영어 department store를 百貨店(ひゃっかてん, 백화점)이라고 번역했는데, 지금은 일반적으로 department store를 줄인 'デパート(depart)'라는 말을 사용합니다. 우리는 그대로 **백화점**[3]이라고 쓰고 있는데 말입니다.

저는 일본에서 일본문학과 일본문화를 공부했습니다만, 제 전공에는 남학생보다 여학생이 많았습니다. 이들 여학생들은 학부생이든 대학원생이든 대체로 점심으로 도시락을 싸왔습니다. 그리고 그들 중 일부는 자신이 직접 만든 음식이라고 하면서 저에게 먹어보라고 하기도 했습니다. 이렇게 자신의 '손으로 직접 만든 음식 혹은 요리'를 일본어로 手料理(てりょうり)라고 합니다. 이때 手(て)는 '직접 손으로 쓴 편지'를 의미하는 '手書き(てがき)の手紙(てがみ)'에 보이는 '手書き(てがき)'의 手(て)와 같은 쓰임입니다. 또한 手数料(てすうりょう, 수수료)라는 말이 있습니다. 우리말의 수수료입니다. 그런데 手数料(てすうりょう)의 手(て, 수)는 훈독이고, 数料(すうりょう, 수료)는 음독입니다. 手数料(てすうりょう)는 훈독+음독으로 이루어진 일본어한자어입니다. 이 말은 수수료가 일본에서 유래한 일본어였다는 것을 말합니다.

언제부터인지는 잘 모르겠지만 '수제' 혹은 '수타'라는 말을 자주

듣게 됩니다. 예컨대 수제 **돈카스**[4], 수타 우동처럼 말입니다. 이때 수제는 手製라는 한자어이고, 수타는 手打라는 한자어입니다. 이들 어휘에서 手(수)는 '기계의 힘을 빌리지 않은' 곧 '손으로 직접 만든 것'이라는 의미입니다. 방금 살펴본 手料理(てりょうり) 그리고 '手書き(てがき)'와 같은 쓰임이라는 것을 알 수 있습니다.

사실 우리가 쓰는 수제(手製)와 수타(手打)라는 말은 원래 일본어 한자어입니다. 手製를 일본어로 'てせい'라고 읽고, 手打는 'てうち'라고 읽습니다. 'てせい'는 일본어 훈독인 手(て)에 일본어 음독 製(せい)를 합쳐서 만든 어휘입니다. 이처럼 훈독+음독으로 만든 한자어를 일본어학에서는 전문용어로 '湯桶読み(ゆとうよみ)'라고 부릅니다. 우리말은 일반적으로 훈독을 하지 않기에 이렇게 한자를 훈독한 것은 모두 일본어라고 봐도 무방합니다. 예컨대 우리말에서 **우표**[5]나 **소포**[6]에 **도장**[7]을 찍는 것을 소인(消印)이라고 하는데, 이 消印은 일본어로 'けしいん'이라고 읽습니다. 이때 'けし'는 消(소)의 훈독이고, 'いん'은 印(인)의 음독입니다. 소인이라는 한자어도 일본에서 **유래**[8]한 단어였습니다.

일본어를 알면 알수록 우리말을 더 잘 알 수 있다는 생각을 평소 가져왔습니다. 이런 저의 지론은 수(手)라는 한자어에서 잘 드러나는 것 같습니다.

더 알고 싶은 일본어한자

1) **초등학교**: 小学校(しょうがっこう)라고 합니다. 예전에는 일본에서도 国民学校(こくみんがっこう, 국민학교)라고도 불렀

습니다. 국민은 국가의 신민(臣民)이라는 의미라고 생각합니다. 신민은 천황을 모시는 자손이지 자유와 자율권이 있는 시민(市民)이 아닙니다.

2) **야구**: 野球(やきゅう)라고 합니다. 마사오카 시키가 영어 baseball을 일본어로 번역할 때 '잔디'를 의미하는 芝(し, 지)를 쓰지 않고 '들'을 뜻하는 野(や, 야)를 차용한 것이 흥미롭습니다. 저라면 야구를 지구(芝球)라고 번역했을 것 같습니다.

3) **백화점**: 百貨店(ひゃっかてん)이라고 부릅니다. 이때 百(백)은 '많다'는 의미입니다. 곧 영어 department store를 '많은 물건을 파는 곳'으로 번역했던 것입니다. 중국 춘추 시대 말기부터 전국 시대에 걸친 여러 학자와 학파를 통틀어 이르는 말인 제자백가(諸子百家)에 나오는 백(百)도 '많다'는 뜻입니다. 앞에서 이미 예시했지만 일본 고전 중에 『만엽집』이라는 것이 있습니다. 7~8세기경에 성립된 것으로 일본에서 가장 오래된 시가집입니다. 이 서명에는 万(まん, 만)이라는 한자가 나옵니다. 이것도 '많다'라는 의미입니다. 그래서 万国旗(ばんこくき, 만국기)에 万(ばん)이라는 한자가 쓰이는 것입니다.

4) **돈카스**: '豚カツ(とんかつ)'라고 합니다. 돼지고기를 사용하기에 돈(豚)이라는 한자를 쓴 것입니다. 맛과 모양 등에서 일본의 돈가스와 우리의 돈가스는 같은 듯하지만 다릅니다. 일본에서 유입된 돈가스가 한국화 됐기 때문이라고

생각합니다.

5) **우표**: 切手(きって)라고 합니다. 일본 우체국을 '〒'처럼 기호로 나타냅니다. 이 마크는 切手의 가타카나 표기인 'キッテ'의 'テ'에서 유래했다는 설이 있습니다.

6) **소포**: 小包(こづつみ)라고 읽습니다. 이 한자어는 小(こ)+包(づつみ)로 되어 있습니다. 모두 훈독으로 읽고 있습니다. '소포'라는 말은 일본에서 유래했던 것입니다. 참, 包(포)의 훈독은 'つつみ'입니다만 小包에서 'づつみ'로 탁음으로 발음하는 것은 包가 합성어인 小包의 일부로 사용됐기 때문입니다. 일본어에서는 흔히 일어나는 현상입니다. 덧붙여 등기라는 표현도 알아 두면 좋을 것 같습니다. 書留(かきとめ)라고 합니다.

7) **도장**: 判子(はんこ)라고 합니다. 일본은 아직도 도장 문화를 유지하고 입습니다. 사인을 잘 인정하지 않습니다. 그래서 일본인은 도장을 휴대하고 다니는 경우가 적지 않습니다. 일본의 도장 문화가 코로나 시대와 같은 팬데믹 상황에서 얼마나 비효율적인지는 요즘 잘 드러나고 있습니다.

8) **유래**: 由来(ゆらい)라고 읽습니다. 관련 어휘로 起源(きげん, 기원)이 있습니다. 일본인은 기원에 대단히 많은 관심을 가지고 있는 것 같습니다. 그래서 끝임없이 '일본어의 기원', '일본인의 기원', '일본민족의 기원' 등과 같은 책이 출판되고 있습니다. 섬나라에 살고 있기에 자신들이 어디

에서 왔는지 궁금한지도 모릅니다.

일본문화 한마디

일본에 가면 手相(てそう, 수상) 곧 손금을 봐주는 곳이 많이 있습니다. 손금으로 사주팔자나 자신의 미래를 점치는 것입니다. 이런 문화는 우리와 크게 다르지 않은 것 같습니다. 이와 같이 점을 봐주는 사람을 점쟁이라고 하는데 일본어로는 占い師(うらないし)라고 부릅니다. 手相(てそう)를 봐주는 곳에서는 대개 観相(かんそう, 관상)도 봐줍니다. 과학의 시대에 점을 보는 문화가 공존하고 있다는 것이 경이롭습니다.

일본어한자어를 확인해봅시다

拍手(はくしゅ), 手術(しゅじゅつ), 手裏剣(しゅりけん), 手配(てはい), 相手(あいて)

시(試)

일본의 **대학입시**¹⁾는 우리와 같은 듯하지만 다른 부분이 적지 않습니다. 첫째, 사립대학과 국공립대학의 입시 과목이 다릅니다. 일반적으로 **사립**²⁾대학은 시험 보는 과목이 적은 편이고, 국공립은 상대적으로 많은 편입니다. 그렇다고 사립대학이 입학하기 쉽다는 말이 아닙니다. 둘째, 일본도 수도인 동경에 위치한 대학이 인기가 있는 것은 사실이지만 그렇다고 지방에 있는 국공립대학이 인기가 없는 것은 아닙니다. 공부는 잘하는 편이지만 자신의 고향을 떠나기 싫은 **수험생**³⁾이나 경제적으로 여유가 없는 학생이라면 지방의 거점국립대학을 선호합니다. 일본을 대표하는 대학 중에는 지방 소재의 거점 국립대학이 많기 때문입니다. 이를테면 北海道大学(ほっかいどうだいがく, 북해도대학), 東北大学(とうほくだいがく, 동북대학), 名古屋大学(なごやだいがく, 명고옥대학), 京都大学(きょうとだいがく, 경도대학), 大阪大学(おおさかだいがく, 대판대학), 九州大学(きゅうしゅうだいがく, 구주대학) 등이 그것입니다. 특히 이들 대학은 일본이 태평양전쟁에 **패전**⁴⁾하기 전에는 帝国大学(ていこくだいがく, 제국대학)이라고 불렸습니다. 일본에서는 이들 대학만이 4년제 대학이었습니다.

일본 입시는 센터시험과 대학 본고사로 나눌 수 있습니다. 센터시험은 우리의 수능시험에 해당합니다. 앞서 언급했던 국공립대학에 **입학**[5]하기 위해서는 각 대학에서 출제하는 시험 곧 일종의 대학 본고사에도 응시해야 합니다. 센터시험과 대학 본고사에서 치루는 시험은 일본어로 試験(しけん)이라고 말합니다.

한편 대학에 입학한 학생들은 학기 중에 학업성취도를 평가하는 시험인 기말고사를 보게 됩니다. 그런데 이때 보는 시험은 試験(しけん)이라고 부르지 않습니다. 영어 test의 일본어 표기인 'テスト'를 씁니다. 우리말로는 모두 시험입니다만, 일본어로는 상황에 따라서 試験(しけん)이라고도 하고 'テスト'라고도 합니다. 이와 같이 일본어는 한자어와 외래어를 사용하여 의미를 구분하는 경향이 있습니다.

우리말의 영수증에 해당하는 일본어는 두 가지입니다. 하나는 領収証(りょうしゅうしょう, 영수증)이고, 다른 하나는 'レシート(receipt)'입니다. 領収証(りょうしゅうしょう)는 우리가 흔히 말하는 수기로 가격 등을 적은 간이영수증을 가리킵니다. 한편 'レシート(receipt)'는 전자 금전 등록기로 금액을 인쇄한 **종이**[6]를 말합니다. 예컨대 편의점이나 마트에서 물건을 산 후 받는 것이 'レシート(receipt)'입니다.

일본어는 한자어와 가타카나를 사용하여 그 단어가 어디서 왔는지를 알려주고 있다는 것입니다. 서양에서 유입된 것은 가타카나로 그 유래를 알려주고 있습니다. 흥미롭습니다.

1. 의미: 시험, 시도

2. 음독: [し] 試験(しけん) 시험, 試食(ししょく) 시식

3. 훈독: [こころみる] 試みる(こころみる) 시도해보다

　　　　[ためす] 試す(ためす) 시험해보다

試(し)가 들어가는 말 가운데 제가 제일 좋아하는 말은 '試みる(ここ
ろみる)'와 '試す(ためす)'입니다. 우리말로 하면 각각 '시도해보다'
와 '시험해보다' 정도가 됩니다. 뭔가를 해보는 것은 역동적이기 때문
입니다. 반면에 제일 싫어하는 말은 試験(しけん)입니다. 심적 부담으
로 스트레스를 받기 때문입니다. 학생이라면 試験(しけん)이든 'テス
ト(test)'든 시험을 보는 것은 즐거운 일이 아니라고 생각합니다. 하지
만 이렇게 정해진 시험이 있기에 우리는 하기 싫다고 해도 **공부**[7]를 할
수밖에 없습니다. 이것은 시험의 **순기능**[8]이라고 생각합니다.

생각해보니 試(し)가 들어가는 말 중에 試合(しあい, 시합)가 있습
니다. 우리말로 시합입니다. 그런데 이 試合(しあい)는 試(し)와 合
(あい) 곧 음독+훈독으로 구성되어 있습니다. 따라서 이 시합이라는
말은 일본어에서 유래했다고 봐도 좋습니다.

더 알고 싶은 일본어한자

1) **대학입시**: 大学入試(だいがくにゅうし)라고 부릅니다. 어떤 사
　　람은 大学(だいがく)라는 한자를 보고 '대학'은 '큰 학교'

라고 말합니다. 하지만 대학교는 영어 university의 번역어에 불과합니다. 여기에 '큰 학교'라는 의미는 없는 것으로 알고 있습니다. 일본에서는 4년제 대학은 大学(だいがく)라고 부르고, 2년제 대학 곧 우리의 전문대학은 短期大学(たんきだいがく, 단기대학)라고 부릅니다.

2) **사립**: 私立(しりつ)라고 합니다. 그런데 일본어는 사립대학의 사립인 私立(しりつ)와 시(市)가 설립한 대학인 市立(しりつ, 시립)가 동음이의어입니다. 따라서 이들을 구분하기 위해 전자를 私立(わたくしりつ), 후자를 市立(いちりつ)라고 부르기도 합니다.

3) **수험생**: 受験生(じゅけんせい)라고 합니다. 일본에서 수험생은 시험 전날이나 당일에 돈카스를 즐겨 먹습니다. 돈카스의 일본어는 '豚(とん)カツ'인데 이때 'カツ'의 발음이 '승리하다'의 '勝つ(かつ)'와 같기 때문입니다.

4) **패전**: 敗戦(はいせん)이라고 부릅니다. 戦(せん)은 '戦い(たたかい)' 혹은 '戦(いくさ)'라고 읽을 수 있습니다. '戦い(たたかい)'라고 하면 싸움이 되고, '戦(いくさ)'라고 하면 전쟁이 됩니다. 물론 전쟁은 戦争(せんそう, 전쟁)라고도 합니다.

5) **입학**: 入学(にゅうがく)입니다. 입학하는 학생에게 입학 기념으로 돈이나 물건을 주는 것을 入学祝(にゅうがくいわい) 곧 '입학 축하'라고 합니다.

6) **종이**: 紙(かみ, 지)라고 합니다. 色紙(いろがみ, 색지)도 있습니다. 색종이를 말합니다. 紙袋(かみぶくろ)는 종이봉지를 말합니다.

7) **공부**: 勉強(べんきょう)라고 씁니다. 공부를 한자로 쓰면 工夫입니다. 일본어한자어로 같습니다. 그런데 일본어한자어 工夫(くふう)는 뭔가를 궁리하는 것을 의미합니다.

8) **기능**: 機能(きのう)라고 합니다. 나이가 들면 몸의 여러 기능이 떨어진다고 합니다. 몸을 구성하는 여러 부분도 일종의 소모품이기에 사용연한이 있나 봅니다.

일본문화 한마디

일본은 일제강점기에 식민지 조선에도 帝国大学(ていこくだいがく, 제국대학)을 세웠다. 京城帝国大学(けいじょうていこくだいがく) 곧 경성제국대학이 그것입니다. 경성제국대학의 설립 목적은 여러 가지가 있겠지만 식민지 조선을 경영하기 위한 하급 조선인 관리를 양성하는 것도 그 주요 목적이었습니다. 그렇다고 당시 식민지 조선인들이 자신들의 힘으로 민립대학을 설립하려고 하지 않았던 것은 아닙니다. 노력은 했지만 결국 되지 않았습니다. 경성제국대학에는 조선인도 입학했지만 그 수가 절대적으로 적었고, 대부분은 일본인 학생이었습니다. 그래서 당시 경성제국대학에 들어간 조선인은 수재라는 말을 들으면서 신문에 대서특필됐습니다. 현재 서울대학교에 입학하면 대대적으로 홍보되는 것과 그다지 다르지 않습니다.

경성제국대학은 일본 패전 후에 '제국'이라는 말을 빼고 경성대학이 됐다가 이후 서울대학교가 됩니다. 따라서 서울대학교의 전신은 경성제국대학이라고 볼 수도 있습니다. 하지만 이를 부정하는 사람도 적지 않습니다. 그런데 서울대 초기에 교수로 부임했던 인물들이 대부분 경성제국대학 출신자였다는 것은 우리에게 여러 가지를 생각하게 합니다.

일본어한자어를 확인해봅시다

試着(しちゃく), 試飲(しいん), 試行(しこう), 試薬(しやく), 物(もの)は試(ため)し

제17절

어(御)

어렸을 때 **조선시대**[1]를 배경으로 한 사극을 보면 왕의 명을 전하는 사람이 "죄인은 어명(御命)을 받아라."라고 말하면서 죄인에게 사약을 건네는 장면이 나오곤 했습니다. 이런 광경은 2019년 1월에 넷플릭스에서 공개된 <킹덤>이라는 드라마에서도 나왔습니다. 이때 어명이란 임금의 명령을 가리킵니다. 그 쓰임은 예컨대 '어명을 내리다', '어명을 받들다' 등과 같습니다. 이밖에 '어(御)-'로 시작하는 어휘가 별로 없기에 저는 '어(御)-'라는 한자에 그다지 **관심**[2]이 없었습니다.

그런데 일본어를 공부하면서 일본어는 '御(어)-'로 시작하는 말이 많다는 것을 알게 됐습니다. 또한 일본어 御는 'お'와 'ご' 그리고 'み'로도 읽을 수 있다는 것을 알고는 깜짝 놀랐습니다. 예를 들어 일본어 'お水(みず)'와 'お金(かね)'는 우리말로 각각 '물'과 '돈'을 뜻합니다. 일본어를 처음 배웠을 때는 "일본어는 '물'과 '돈'에도 존경의 접두사 'お'를 붙이네! 참 신기하다."라고 생각했습니다. 그러나 나중에 알고 보니 'お水(みず)'와 'お金(かね)'에 붙어 있는 'お'는 존경의 접두사가 아니라 미칭이라는 것을 알게 됐습니다. 그리고 대체적으로 '御+고유어'의 경우, 御를 'お'로 읽습니다.

御를 'ご'로 읽는 것에는 밥을 나타내는 'ご飯(はん)'이 대표적입니다. 즉 '御+한자'의 경우, 御를 'ご'로 읽습니다. 예컨대 'ご説明(せつめい)'나 'ご講演(こうえん)'처럼 말입니다. 각각 '설명'과 '**강연³⁾**'을 말합니다.

御를 'み'로도 읽습니다. 주로 천황에 관한 어휘에 사용되고 있듯이 그 쓰임이 제한적입니다. 이를테면 황자(皇子)를 御子(みこ)라고 하고, 황녀(皇女)를 姫御子(ひめみこ)라고 합니다.

어거할 어(御)

1. 의미: 다스리다, 막다, 천황에 대한 존칭, 존경의 접두사
2. 음독: [ぎょ] 制御(せいぎょ) 제어, 防御(ぼうぎょ) 방어, 御製(ぎょせい) 어제(천황이 만든 것), 崩御(ほうぎょ) 붕어(천황의 죽음)

   [ご] ご活躍(かつやく) 활약, ご家族(かぞく) 가족
3. 훈독: [お] おしゃれ 멋 부림, お土産(みやげ) (지방 특산)선물, おしぼり 물수건

   [おん] 御中(おんちゅう) 우편물에서 수신자가 단체·회사일 때 붙이는 경칭

   [み] 御子(みこ) 황자

御를 'み'라고 읽는 용례는 많지 않기에 그때그때 외워 두는 것이 좋을 것 같습니다. 그리고 명사에 御를 붙이는 일본어의 사용례를 볼 때마다 우리말과 참 다르다고 생각합니다.

그런데 존경의 접두사 御에 대해 이야기를 하다 보니 최근에 과잉 존경이 적지 않다는 것을 새삼 깨달았습니다. 일본어도 우리말도 존경어가 많이 발달했습니다. 그런데 지금은 일본어나 **한국어**[4]나 사물을 존중하여 말하는 '**과잉**[5] 존경'이 문제가 될 정도로 범람하고 있습니다. 예를 들어 카페에서 커피를 **주문**[6]하면 **점원**[7]이 손님에게 "커피가 나오셨습니다." 혹은 '**전부**[8] 15000원이 되시겠습니다."처럼 말하는 것이 흔합니다.

더 알고 싶은 일본어한자

1) **조선시대**: 朝鮮時代(ちょうせんじだい)라고 읽습니다. 朝鮮(ちょうせん)이 들어가는 말 중에 朝鮮人(ちょうせんじん)이 있습니다. 조선인입니다. 그런데 일제강점기와 마찬가지로 지금도 일본에서는 朝鮮人(ちょうせんじん)이 차별어로 쓰이고 있습니다. 우리가 일본인을 차별할 때 '쪽발이'라고 말하듯이 말입니다. 여기서 알 수 있는 것은 어휘 그 자체에 차별의 뜻이 있는 경우도 있지만 어떤 어휘를 차별적으로 사용하면 그 말이 차별어가 된다는 것입니다. '지방'과 '대학'이라는 말에는 차별적인 어감이 들어 있지 않습니다. 하지만 '지방대학'이라고 말하면 여기에 차별적인 느낌이 들어가는 것처럼 말입니다.

2) **관심**: 関心(かんしん)이라고 합니다. 그런데 동음이의어에 感心(かんしん)이 있습니다. 이 말은 감탄을 의미합니다.

3) **강연**: 講演(こうえん)이라고 합니다. 관련 어휘로 講義(こうぎ, 강의)가 있습니다. 우리의 대학에는 없는 문화라고 할 수 있습니다만 일본의 대학에는 最終講義(さいしゅうこうぎ, 최종강의)라는 것이 있습니다. 정년퇴임을 하는 교수가 동료 교수와 제자들 앞에서 마지막으로 하는 강의를 가리키는 말입니다. 지도교수의 最終講義(さいしゅうこうぎ)는 내용도 좋았습니다만 당시 입고 계셨던 양복이 무척 인상적이었습니다. 홋카이도대학교에 부임했을 때 입었던 옷을 입고 最終講義(さいしゅうこうぎ)에 임했기 때문입니다.

4) **한국어**: 韓国語(かんこくご)라고 합니다. 일본에는 '한글어' 곧 'ハングル語(ご)'라는 이상한 말이 있습니다. 알파벳어(語)나 히라가나어(語) 혹은 가타가나어(語)와 같은 느낌입니다. 일본에서 'ハングル語'는 북한의 문화어와 우리의 한국어를 통칭할 때 쓰는 표현입니다.

5) **과잉**: 過剰(かじょう)라고 합니다. 관련 어휘로는 自意識過剰(じいしきかじょう, 자의식과잉), 生産過剰(せいさんかじょう, 생산 과잉) 등이 있습니다. 이창민은 최근 저서인 『지금 다시, 일본 정독』(더숲, 2022)에서 일본을 대표하는 기업인 소니 등의 존재감이 옅어진 것은 세계의 트렌드를 읽지 못하고 특정한 기술에 대한 과잉 집중이 그 원인의 하나라고 지적합니다. 참고할 만하다고 생각합니다.

6) **주문**: 注文(ちゅうもん)이라고 읽습니다. 여기에 御를 붙이면 ご注文(ちゅうもん)이 됩니다.

7) **점원**: 店員(てんいん)이라고 합니다. 그럼 점장은 뭐라고 할까요? 그렇습니다. 店長(てんちょう)입니다.

8) **전부**: 全部(ぜんぶ)라고 읽습니다. 어렵지 않은 것 같습니다만, 여기에 나오는 '젠'라는 발음이 사실 어렵습니다. 우리말에는 없는 발음이기 때문입니다. 참고입니다만 일본인은 한글의 자음인 'ㄴ'과 'ㅇ'을 잘 구분하지 못합니다. 또한 모음인 '어'와 '오'도 마찬가지입니다. 일본어에는 없는 발음이기 때문입니다.

일본문화 한마디

앞에서 御는 고유어나 한자 앞에 붙어서 미칭으로 사용하거나 존경을 나타낸다고 말했습니다. 그런데 御의 쓰임은 외래어까지 확장되기도 합니다. 일본에서 유학했을 때 **한국어** 강사도 했습니다. 어느 날이었습니다. 그날은 제가 새 옷을 입고 강의를 했습니다. 수업이 끝나자 당시 60대 후반이었던 어떤 여자 수강생이 저에게 "그 옷은 'おニュー(new)'입니까?"라고 말을 했습니다. 새 옷을 'おニュー(new)'라고 했던 것입니다. 御(お)에 영어 'ニュー(new)'를 붙인 형태입니다. 이때 御(お)는 물론 미칭입니다.

일본어한자어를 확인해봅시다

御手洗い(おてあらい), 御覧(ごらん), 御意見(ごいけん), 御馳走(ごちそう), 御家族(ごかぞく)

려(旅)

거리에 나가 보면 다양한 **숙박업소**[1]가 눈에 띕니다. 일반 호텔과 비즈니스호텔 그리고 모텔 등이 있습니다. 이것만이 아닙니다. 좀 후미진 골목으로 눈을 돌리면 여관도 보입니다. 여관은 호텔에 비해 깨끗하고 쾌적한 이미지가 없습니다. 비단 저만 그렇게 생각하는 것은 아닐 것입니다.

일본에서 유학하면서 우리말 여관에 해당하는 旅館(りょかん)이 있다는 것을 알게 됐습니다. 일본어 旅館(りょかん)에도 여러 종류가 있습니다만, 일반인이 접하기 쉬운 것은 **온천**[2]을 즐길 수 있는 곳이 있는 旅館(りょかん)일 것입니다. 이를 보통 温泉旅館(おんせんりょかん, 온천여관)이라고 부릅니다.

그런데 우리의 여관과 일본의 旅館(りょかん)은 너무 달랐습니다. 旅館(りょかん)은 일본 전통 가옥을 계승하면서 호텔식 쾌적함과 청결함을 가지고 있었습니다. 한마디로 말하면 일본식 호텔이라고 보면 좋을 것 같습니다. 대학교수였던 김정운도 일본에 대해 썼던 『일본열광』(프로네시스, 2007)이라는 책에서 일본의 旅館(りょかん)에 대해 놀라움을 표했습니다. 특히 그는 **저녁식사**[3]를 객실까지 가져다주고, 이불까지 깔아주는 旅館(りょかん)의 색다른 서비스에 감탄을 금하지 못했습니다.

일본어 旅(りょ, 려)를 훈독하면 旅(たび)가 됩니다. 그리고 旅(たび)와 종종 비교되는 일본어 한자어로 旅行(りょこう, 여행)가 있습니다. 이 두 가지 표현을 우리말로 옮기면 모두 '여행'이 됩니다. 그런데 旅(たび)와 旅行(りょこう)에는 큰 차이점이 있습니다. 일본어 旅行(りょこう)는 우리말 여행과 같이 유람이나 관광의 의미를 나타내고 있습니다만, 旅(たび)는 다릅니다.

우메사오 다다오(梅棹忠夫)는 고대일본의 '여행'의 성격에 대해

> 고대 일본의 여행을 살펴볼 때 무엇보다 염두에 두어야 할 것은 여행이 대부분 정치나 군사와 관련되어 있다는 사실이다. 지방으로 파견되는 관리, 변방으로 향하는 병사- 소위 여행이라는 것은 하나 같이 정복여행이고, 여행처는 적지였다. ……어찌되었든 오래 살던 곳에서 일단 벗어나면 언제 어디에 어떤 위험이 도사리고 있는지 전혀 짐작할 길이 없다(우메사오 다다오『일본인의 생활』혜안, 2001).

라고 말합니다. 이처럼 고대일본에서 旅(たび) 곧 여행은 고난과 죽음의 가능성을 내포하고 있었습니다.

나그네 려(旅)

1. 의미: 여행
2. 음독: [りょ] 旅客(りょきゃく) 여행객

3. 훈독: [たび] 旅先(たびさき)여행지, 旅人(たびびと) 여행객

일본어 旅(たび)에는 흥미로운 표현이 적지 않습니다. 예컨대 일본어 **속담**[4]에 「かわいい子(こ)には旅(たび)をさせよ。」라는 말이 그것입니다. '귀여운 자식일수록 부모 품안에 두지 말고 객지에 보내서 고생을 시켜라.'는 의미입니다. 또한 「旅(たび)の恥(はじ)は掻捨て(かきすて)。」라는 표현도 있습니다. 곧 '여행지에서는 부끄러운 언행도 하게 된다.'라는 의미입니다. 다시 말하면 여행을 떠나면 해방감을 느끼게 됩니다. 그렇게 되면 평소 부끄럽게 생각하여 하지 않았던 언행도 용기를 내서 하게 된다는 뜻입니다. 이 속담은 일본문화가 **집단주의**[5]문화라는 것을 엿보게 합니다. 평소 **타인**[6]의 **신경**[7]을 쓰는 일본이라는 집단 혹은 자기 동네라는 집단에서 벗어났을 때의 일본인의 **의식**[8] 변화를 잘 나타내고 있는 것 같습니다.

더 알고 싶은 일본어한자

1) **숙박업소**: 宿泊施設(しゅくはくしせつ, 숙박시설)라고 말합니다. 덧붙여 일본어 宿(やど)라는 말은 숙소라는 뜻인데 많이 사용합니다. 알아두면 유용한 표현이라고 생각합니다. 덧붙여 일본에서 施設(しせつ, 시설)라고 하면 보육원(예전의 고아원)을 가리키는 경우도 있습니다.

2) **온천**: 温泉(おんせん)이라고 말합니다. 우리에게도 온천 문화가 없는 것은 아닙니다만 일본의 온천 문화는 우리보다

더 다채로운 것 같습니다. 한 가지 흥미로운 것은 일본의 '온천 여관'은 대부분 탁구장 같은 시설을 갖추고 있다는 점입니다. 가족이나 연인 혹은 친구끼리 단체로 놀러 오기 때문인 것 같습니다.

3) **저녁식사**: 夕食(ゆうしょく, 석식) 혹은 夕飯(ゆうはん)이라고 말합니다.

4) **속담**: 諺(ことわざ)라고 말합니다. 제가 좋아하는 일본 속담에 '石(いし)の上(うえ)にも三年(さんねん)'이 있습니다. 우리말의 '서당개 삼 년에 풍월 읊는다'와 비슷합니다. 둘 다 3년이 들어간다는 것이 흥미롭습니다. 뭐든지 꾸준하게 해야 하는 것 같습니다.

5) **집단주의**: 集団主義(しゅうだんしゅぎ)라고 말합니다. 그 반대어는 個人主義(こじんしゅぎ, 개인주의)입니다. 일본인의 개인주의를 이해하는 데는 일본의 근대작가인 나쓰메 소세키의 『나의 개인주의』(책사랑, 2004)와 무라카미 하루키(村上春樹)의 작품이 도움을 줄 수 있습니다.

6) **타인**: 他人(たにん)이라고 읽습니다. 이것을 강조해서 말하면 '赤(あか)の他人(たにん)'이 됩니다. 생판 관계가 없는 사람을 가리킵니다.

7) **신경**: 神経(しんけい)라고 합니다. '신경을 쓰다'는 '神経(しんけい)を使(つか)う'입니다. 관련 어휘 중에 無神経(むしんけい, 무신경)가 있습니다.

8) **의식**: 意識(いしき)라고 합니다. 예전에 우리에게는 일본에 대한 우월의식과 함께 열등의식 그리고 피해의식이 있었습니다. 세대에 따라서 이와 같은 세 가지 의식이 지금도 공존하는 경우도 있고, 부분적으로 남아 있는 경우도 있는 것 같습니다. 가장 바람직한 것은 이 세 가지 의식이 모두 없어지는 것이라고 생각합니다.

일본문화 한마디

일본인의 여행에서 빠지지 않는 것이 있다. 지역의 특산물이나 기념품 등을 가리키는 'お土産(みやげ)'가 그것입니다. 일본인은 우리나라 돈으로 약 10000원 정도 하는 'お土産(みやげ)'를 선물로 주고받습니다. 또한 마시거나 먹는 것을 주로 선물로 합니다. 즉 일본인은 작고 간편한 'お土産(みやげ)'를 주기도 하고 받기도 하면서 끈끈한 인간관계를 이어가고 있는 것입니다.

'お土産(みやげ)'의 역사를 뒤돌아보면 여행을 떠나는 사람에게 고향에 남아 있는 사람은 餞別金(せんべつきん, 전별금)을 주고, 여행자는 나중에 그 보답으로 고향에 있는 사람에게 'お土産(みやげ)'를 건넸던 것입니다. 서로의 안전과 안녕을 기원하면서 말입니다.

일본어한자어를 확인해봅시다

旅券(りょけん), 旅費(りょひ), 一人旅(ひとりたび), 旅立ち(たびだち), 長旅(ながたび)

옥(玉)

우리나라 TV 드라마 사극을 보면 거기에 등장하는 당시 **여성**[1]들이 패물로 옥을 좋아했던 것 같습니다. 옥이 귀했고 그 영롱한 빛깔이 아름다웠기 때문일 것입니다. 지금도 그렇지만 **근대**[2] 이전에는 지금보다 더 귀했던 것이 옥이였던 것 같습니다. 이런 사실은 우리나라에 국한되는 것이 아니라 이웃나라 중국과 일본도 마찬가지였습니다. 예컨대 일본에서 가장 오래된 시가집(詩歌集)인 『만엽집』에는 옥이 대단히 귀한 것으로 나옵니다. 그래서 **선물**[3]로 애용됐습니다. 옥(玉)은 금(金)과 함께 동아시아에서 보물 중의 보물이었습니다. 그러기에 대단히 소중한 규범을 '금이나 옥처럼 귀중히 여겨 아끼고 받들어야 할 규범'이라는 의미로 금과옥조(金科玉条)라는 말을 사용하기도 합니다.

옥(玉)이라는 한자가 좋은 이미지를 가지고 있었는지 성(姓)에도 '옥'이 들어갑니다. 의령 옥 씨(玉氏)입니다. 우리에게 널리 알려져 있는 인물로는 배우 옥소리와 가수 옥주현 등이 있습니다. 인명뿐만이 아닙니다. '옥'으로 시작하는 지명도 많습니다. 이를테면 서울시 성동구에는 옥수동(玉水洞)이 있습니다. 그리고 그 주변에는 지하철역인 옥수역(玉水驛)이 있고, 서울옥정초등학교(玉井初等學校)

와 옥정중학교 등이 있습니다.

지명에 '옥'이 들어 있다는 것은 그 지역이 '옥'의 명산지였을 수도 있지만 반드시 그렇지도 않습니다. 앞에서 예시한 옥수동이 '옥'의 생산지와 관련이 없는 것처럼 말입니다. 그렇다면 이때 '옥'은 무엇일까요? **미칭**(美称)[4]이라고 보면 될 것 같습니다. 옥수동의 옥수(玉水)는 '물 수(水)'를 아름답게 꾸미고 있는 것입니다. 옥수역에서 지하철을 타고 한강을 건널 때 마다 옥수라는 지명이 참 잘 지어졌다고 생각합니다. 한강의 아름다움을 멋지게 표현하고 있기 때문입니다.

'옥'이라는 한자의 이런 쓰임은 옥새(玉璽)라는 말에서도 확인할 수 있습니다. 옥새는 임금의 도장을 말한다. 동아시아 문화권에서는 군주의 권위를 상징하는 도장이었습니다. 한편 임금이 앉는 자리를 옥좌(玉座)라고 합니다.

구슬 옥(玉)

1. 의미: 구슬(진주), 아름다운 것 또는 남에 대한 미칭, 둥근 공 모양, 전구
2. 음독: [ぎょく] 玉石(ぎょくせき) 옥석, 珠玉(しゅぎょく) 주옥
3. 훈독: [たま] 白玉(したらま) 백옥, 玉垣(たまがき) 신사의 울타리, 飴玉(あめたま) 눈깔사탕

일본어에도 아름다운 것 또는 남에 대한 미칭으로 쓰이는 玉(ぎょく)는 적지 않습니다. 이 가운데 일제강점기에 우리에게도 익숙한 말

이 있습니다. 옥쇄와 옥음방송이라는 말입니다. '옥쇄' 곧 玉碎(ぎょ
くさい)라는 말은 '옥'과 같이 아름답게 깨지는 것을 말하는데, 일본
은 미국과 벌인 태평양전쟁기에 이 말을 자주 썼습니다. 곧 비굴하게
살아남아서 포로가 되기보다는 자결하라는 말입니다.

옥음 곧 玉音(ぎょくおん)이라는 것은 말 그대로 아름다운 소리라
는 의미입니다만, 주로 천황의 목소리를 가리킵니다. 따라서 玉音放
送(ぎょくおんほうそう, 옥음방송)는 **천황**[5]이 보내는 메시지인 것입
니다. 일본사에서 보통 玉音放送(ぎょくおんほうそう)라고 하면 태평
양전쟁에서 일본이 졌다는 것을 알린 천황의 라디오 방송을 말합니
다. 이때 천황은 일본은 세계평화를 위해 전쟁을 시작했고, 세계평
화를 위해 전쟁을 마친다고 말합니다. 패전 선언이 아니라 **종전**[6] 선
언이었던 것입니다. 이런 일본의 역사인식은 안타깝게도 지금도 일
본 주류 지식인과 정치인에게 확인할 수 있습니다.

그런데 우리나라의 50대 전후의 일반인에게는 玉碎(ぎょくさい)나
玉音放送(ぎょくおんほうそう)라는 말보다는 투명한 구슬인 'ビー玉
(だま)'가 더 널리 알려져 있습니다. 지금은 많이 사라졌지만 이와 같
이 일본에서 유래한 말은 한동안 우리의 언어생활에서 적지 않게 쓰
였습니다. 어떤 학자는 **식민지**[7] 경험 1년을 극복하기 위해서는 10년
이 필요하다고 주장합니다. 우리가 식민 잔재에서 완전히 벗어나기
위해서는 좀 더 많은 **시간**[8]이 필요한지도 모르겠습니다.

더 알고 싶은 일본어한자

1) **여성**: 女性(じょせい)라고 합니다. 우리는 일상에서 여자(女子)

라는 말을 자주 사용합니다만, 일본에서는 여성이라는 표현을 더 많이 사용합니다. 女子(じょし)가 들어가는 말에 女子力(じょしりょく)라는 표현이 있습니다. 우리는 쓰지 않는 표현이기에 흥미롭습니다. 그 의미는 '여성스러움'이라고 생각하면 될 것 같습니다. 참고로 일본어한자어 가운데 '－力(りょく)'가 들어가는 말이 적지 않다는 것도 알아 두면 좋을 것 같습니다. 예컨대 재일 교포인 강상중은 『悩む力』라는 책을 썼습니다. 서명을 히라가나로 표가하면 'なやむちから'가 됩니다. 우리말로는 『고민하는 힘』(사계절, 2009)으로 번역됐습니다.

2) **근대**: 近代(きんだい)라고 읽습니다. 역사에서는 보통 古代(こだい, 고대) - 中世(ちゅうせい, 중세) - 近代(きんだい, 근대) - 現代(げんだい, 현대)와 같이 시대구분을 합니다만 이것은 어디까지는 편의적인 구분이라고 생각합니다. 한때 우리나라에서 中世(ちゅうせい)가 있었는지 없었는지에 대한 논쟁이 있었습니다. 자본주의 발전사관에서 봤을 때 '중세'가 중요했기 때문입니다. 지금 생각해보면 의미가 없었던 논쟁이었다고 생각합니다.

3) **선물**: プレゼント(present)라고 말하는 것이 일반적입니다. 이밖에도 贈り物(おくりもの)가 있습니다. 추석이나 명절 때 보내는 선물을 가리킵니다. 手土産(てみやげ)도 있습니다. 남의 집을 방문할 때 가볍게 가져가는 선물을 말합니다.

4) **미칭**: 美稱(びしょう)입니다. 일본어에는 이런 미칭이 많이 발달했습니다. 이를테면 돈을 'お金(かね)'라고 말하는데 여기에 쓰인 'お'가 바로 미칭입니다.

5) **천황**: 天皇(てんのう)라고 읽습니다. 최근 우리나라에서는 천황보다는 일왕(日王)이라는 용어를 선호하는 것 같습니다. 다만 학술적 용어는 天皇(てんのう)입니다.

6) **종전**: 終戰(しゅうせん)이라고 합니다. 지금도 일본 정부의 공식 입장은 敗戰(はいせん, 패전)이 아니라 終戰(しゅうせん)입니다. 일본 정부의 역사 인식이 드러나는 말입니다.

7) **식민지**: 植民地(しょくみんち)라고 읽습니다. 글자 그대로 자기나라의 '백성(民)'을 다른 나라에 이주시키는 것이기에 植民地(しょくみんち)인 것입니다. 식민지 조선에 적지 않은 일본인이 이주해 왔습니다. 그들에게 식민지 조선은 새로운 희망의 땅이었을지 모릅니다만, 식민지 조선인에게 그들 이주민은 '점령군'과 같은 의미였다고 생각합니다.

8) **시간**: 時間(じかん)이라고 말합니다. 일본인은 보통 시간관념이 철저한 편입니다. 그런데 흥미로운 것은 문화에 따라 시간관념이 다르다는 것입니다. 시간관념의 유무로 우열을 가르는 것은 난센스입니다. 게다가 일본도 지금과 같이 시간관념이 철저하게 된 것은 근대에 들어서입니다. 일본인은 학교와 군대에서 근대적 시간관념을 배웠습니다.

부수와 획수에 따라 한자를 모아서 배열하고 글자의 음과 뜻을 풀이한 책을 보통 옥편이라고 합니다. 옥편이라는 명칭이 한자사전의 대명사가 된 것은 중국 남북조시대인 543년에 편찬된 부수별 한자사전인『玉篇(ぎょくへん)』곧『옥편』의 영향 때문이라고 추정됩니다. 그리고 이『옥편』은 중국에서 가장 오래된 부수별 사전인 허신(許慎)의『説文解字(せつもんかいじ)』곧『설문해자』가 모델이었다고 합니다. 특히『説文解字(せつもんかいじ)』는 일본고전학을 연구할 때 자주 사용하는 고사전(古辞典)입니다.

玉体(ぎょくたい), 玉将(ぎょくしょう), 善玉(ぜんだま), 悪玉(あくだま), 玉(たま)に瑕(きず)

제20절

원(遠)

일제강점기[1]에 초등학교를 보낸 우리나라의 문인이 쓴 작품을 읽다보면 가끔 원족(遠足)이라는 말이 나옵니다. 예컨대 조정래의 『태백산맥』에는 "가세, 원족 삼아 자네하고 함께 걷는 맛도 별미일 것이니."라고 나온다고 합니다. 이때 원족의 **사전**[2]적 의미는 휴식을 취하기 위해서 야외에 나갔다 오는 일이라고 합니다. 결국 '원족'은 소풍을 뜻합니다. 遠足이라는 한자를 보면 '멀 원(遠)'과 '발 족(足)'으로 되어 있습니다. 발로 먼 곳까지 간다는 의미입니다. 사실 '원족'이라는 말은 일본어 한자어인 遠足(えんそく, 원족)를 우리식 한자 발음으로 읽은 것이었습니다. 이 말이 순화가 되어 소풍이 된 것입니다.

원족(遠足)을 볼 때마다 일본어 한자어 遠慮(えんりょ, 원려)가 떠오릅니다. 우리말과 같이 먼 앞날을 생각한다는 의미도 있습니다만, 다른 의미도 있습니다. 삼감 혹은 사양, 거절 혹은 금지의 뜻도 있습니다. 예컨대 여러 사람들이 모여서 맛있는 케이크를 먹고 있는데 한 조각만 남았다고 합시다. 그러면 우리도 그렇습니다만, 일본인은 사양하는 마음으로 遠慮(えんりょ)하여 누구도 남은 한 조각의 케이크를 먹으려고 하지 않습니다. **음식**[4]을 남기는 것을 극도로 싫어하는 일본인들이 **결과적**[3]으로 음식을 남기게 되는 일이 벌어집니다.

잘 알려져 있지만 일본인들은 평소에도 그렇습니다만 다른 사람의 집에서 식사를 할 때 나온 음식을 남기지 않는 것이 상대방에 대한 **예의**[5]라고 생각합니다. 예컨대 여러분이 일본인 친구를 초대하여 식사 대접을 했을 때, 상대방은 설사 아무리 자기 입맛에 맞지 않는다고 하더라도 「おいしい。」곧 "맛있어요."라고 말하면서 여러분이 준비한 음식을 남김없이 먹을 겁니다. 이런 광경을 보면 우리는 상대방에게 더 권하게 됩니다. 그때 상대방이 「おかわり下(くだ)さい。」곧 '더 주세요.'라고 말하면 더 줘도 됩니다만 「もう結構(けっこう)です。」곧 '이젠 괜찮습니다.'라고 말하면 더 권하면 안 됩니다. 사양이자 **거절**[6]의 표현이기 때문입니다.

한편 일본의 레스토랑에 가면 벽에 금연이라는 의미로 '담배를 피우지 말아주세요.' 곧 「おタバコはご遠慮ください。」라고 쓰인 문구를 접하곤 합니다. 이때 遠慮(えんりょ)는 금지 표현입니다. 일본에서 생활해보면 금지 표현인 遠慮(えんりょ)가 보기와 달리 강력한 금지를 나타내고 있다는 것을 알 수 있습니다. 遠慮(えんりょ) 표현이 있으면 그것과 관련된 언행은 하지 않는 것이 좋다고 생각합니다.

멀 원(遠)

1. 의미: 거리 혹은 시간이 멀다, 깊숙하다, 넓다, 멀리하다
2. 음독: [えん] 遠方(えんぽう), 永遠(えいえん), 深遠(しんえん), 遠大(えんだい), 敬遠(けいえん)
3. 훈독: [とおい] 遠(とお)い 멀다

일본인 원어민 선생님들과 이야기를 할 때 저는 가끔 '편하게 문의해주세요.'라는 뜻으로 「ご遠慮(えんりょ)なくお問(と)い合(あ)わせください。」라고 말하곤 합니다. 그러면 상대방은 '염치 불고하고' 곧 「遠慮(えんりょ)なく。」 혹은 「お言葉(ことば)に甘(あま)えて。」라고 말합니다. 개인적으로 저는 「お言葉(ことば)に甘(あま)えて。」라는 표현이 참 아름답다고 생각합니다.

한편 '遠い(とおい)'는 거리적으로 혹은 시간적으로 멀다는 **느낌**[7]을 나타낼 때 씁니다. 어려운 표현이 아닙니다. 그런데 나이가 들어 '귀가 먹다'라고 말할 때 '耳(みみ)が遠(とお)い'라고 표현한다는 것을 알아두면 **편리**[8]합니다.

더 알고 싶은 일본어한자

[1] **일제강점기**: 일본에서 쓰는 학문 용어로는 植民地朝鮮(しょくみんちちょうせん, 식민지 조선)이라는 표현이 일반적인 것 같습니다.

[2] **사전**: 辞典(じてん) 혹은 辞書(じしょ)라고 합니다. 사전에는 辞典(じてん)과 事典(じてん, 사전)이 있습니다. 辞典(じてん)은 말의 뜻이나 용법 등을 풀이한 것으로 예를 들면 '영일사전' 곧 英和辞典(えいわじてん) 등이 있습니다. 한편 事典(じてん)은 사물이나 사항을 해설한 것입니다.

[3] **결과적**: 結果的(けっかてき)라고 말합니다. 관련 어휘로 原因(げんいん, 원인)이 있습니다. 또한 因果関係(いんがか

んけい, 인과관계)라는 표현도 알아 두면 좋을 것 같습
니다.

4) **음식**: 食べ物(たべもの)라고 합니다. 물론 飲食(いんしょく, 음
식)라는 말을 쓰기도 합니다. 이 단어는 예를 들어 "가게
에서는 음식을 삼가해 주세요."라는 의미로「店内(てん
ない)での飲食(いんしょく)はご遠慮(えんりょ)下(くだ)さ
い。」라고 쓸 수 있습니다.

5) **예의**: 礼儀(れいぎ)라고 말합니다. '예의바르다'라고 말하고
싶을 때는 '礼儀(れいぎ)正(ただ)しい'라고 하면 됩니다.

6) **거절**: '断り(ことわり)'라고 합니다. 물론 拒絶(きょぜつ, 거절)라
고도 말합니다. '거절 반응' 곧 拒絶反応(きょぜつはんの
う)와 같이 쓰입니다.

7) **느낌**: '感じ(かんじ)'라고 말합니다. 요즘 '간지가 난다'라는 표
현을 쓰는 사람도 있습니다. 이때 '간지'는 일본어 '感じ
(かんじ)'에서 왔다고 볼 수 있습니다.

8) **편리**: 便利(べんり)라고 말합니다. 반대말은 不便(ふべん, 불
편)입니다.

일본문화 한마디

'遠い(とおい)'의 반대말은 '近い(ちかい)'입니다. 그럼 'トイレが
近(ちか)い'라는 말은 무슨 의미일까요? 물론 거리적으로 화장실이
가까이에 있다는 의미도 됩니다만, '화장실을 자주 간다'라는 의미

로도 쓰입니다. 이를테면 일본인 친구와 맥주를 마시는데 화장실을 자주 가게 될 때 '화장실을 자주 가는 편이에요.'라는 뜻으로 「トイレが近(ちか)い。」를 쓸 수 있습니다.

　참, 화장실을 나타내는 일본어는 여러 가지입니다. 예컨대 'トイレ', '化粧室(けしょうしつ)', 'お手洗い(おてあらい)' 등이 있습니다. 일본 화장실은 굉장히 청결한 편입니다. 이것은 일본인이 청결한 것을 좋아하기 때문입니다. 하지만 이것만은 아닌 것 같습니다. 일본인은 만물에 신이 깃들어 있다는 애니미즘을 믿는 경향이 있습니다. 따라서 화장실에도 화장실을 지키는 신이 살고 있다고 의식적으로 혹은 무의식적으로 생각하고 있습니다. 화장실을 깨끗하게 하는 이유를 여기서도 찾을 수 있다고 생각합니다.

일본어한자어를 확인해봅시다

　遠近法(えんきんほう), 遠征(えんせい), 永遠(えいえん), 遠心力(えんしんりょく), 程(ほど)遠(とお)い

월(月)

정월(正月)은 일본어로 正月(しょうがつ)라고 합니다. 우리가 **음력**[1] 설을 중시하는데 반해 일본은 **양력**[2] 설을 중시합니다. 일본에는 우리와 달리 현재 음력을 거의 사용하지 않기 때문입니다. 그렇다고 일본이 음력을 쓰지 않았던 것은 아닙니다. 태평양전쟁에서 패전하기 전에는 음력을 따랐습니다. 그러나 패전 후 음력은 역사 속으로 사라졌습니다.

일본의 정월 풍경은 우리와 다른 점이 적지 않습니다. 1월 1일에는 'おせち料理(りょうり)'라고 하는 **새해**[3]를 맞이하여 개인의 건강과 행복에 좋다고 하는 음식을 먹습니다. 예컨대 **새우**[4]는 **장수**[5]와 관련이 있다고 하여, **검정콩**[6]도 건강에 좋고 잡귀를 물리쳐 준다고 하여 오세치요리(おせち料理)에서 빠지지 않습니다.

정월에는 門松(かどまつ)라는 장식용 소나무를 집 정문에 세워 두기도 합니다. 소나무와 대나무로 되어 있는데, 이것은 신(神)을 맞이하는 도구입니다.

연하장[7]도 정월에 뺄 수 없습니다. 우리도 연하장이 없는 것은 아닙니다만 일본에서는 대단히 보편적입니다. 연말에 보낸 연하장은 새해 아침에 도착하는 것이 일반적입니다. 연하장에는 연하장을 보낸 이의 **근황**[8)]이 적혀 있고, 새해를 맞이하는 기쁨과 포부 등이 쓰여 있습니다.

앞에서 정월을 일본어한자어로 正月(しょうがつ)라고 말했습니다. 이처럼 1월, 2월, 3월과 같이 몇 월에 해당하는 일본어한자는 月(がつ)라고 읽습니다. 하지만 일개월(一ヶ月), 이개월(二ヶ月) 등에 보이는 '달 월(月)'은 'がつ'가 아니라 'げつ'라고 발음합니다. 一ヶ月(いっかげつ), 二ヶ月(にかげつ)처럼 말입니다.

또한 한 달, 두 달을 뜻할 때는 월(月)은 'つき'라고 읽습니다. 한 달은 一月(ひとつき), 두달은 二月(ふたつき)입니다. 또한 하늘에 떠 있는 달도 月(つき)라고 발음합니다.

달 월(月)

1. 의미: 달, 월
2. 음독: [がつ] 一月(いちがつ) 일월, 九月(くがつ) 구월
   [げつ] 満月(まんげつ) 만월, 月刊(げっかん) 월간, 月曜日(げつようび) 월요일
3. 훈독: [つき] 月見(つきみ) 달맞이

생년월일이라는 한자어가 있습니다. 일본어로는 生年月日(せいねんがっぴ)라고 합니다. 여기서 '달 월(月)'의 일본어한자읽기가 쉽지 않으니 꼭 기억해주시길 바랍니다. 月(がつ)라고 발음합니다.

일본은 나이를 셀 때 만 나이로 합니다. 반면에 우리는 태어나자마자 나이를 먹습니다. 일본식 나이를 일본어로 満年齢(まんねんれ

い)라고 하고, 우리식 나이를 数え年(かぞえどし)라고 합니다. 어느 쪽이 좋은지 잘 모르겠습니다만, 앞으로 우리도 만 나이 곧 満年齢(まんねんれい)를 사용하게 될 것 같습니다.

　5월을 五月(ごがつ)라고 합니다만, 五月(さつき)라고도 읽습니다. 가끔 일본인 중에 'さつき'라는 이름을 가진 사람이 있습니다. 5월생이기 때문에 그렇게 이름을 지은 경우가 적지 않습니다. 또한 음력 5월경의 여름 장마를 五月雨(さみだれ)라고 합니다. 五月(さつき)와 五月雨(さみだれ)는 모두 五月(5월)과 五月雨(5월우)를 하나의 숙어로 간주하여 한자읽기를 한 것입니다. 이를 보통 熟字訓(じゅくじくん)이라고 합니다.

더 알고 싶은 일본어한자

1) **음력**: 陰暦(いんれき)라고 읽습니다. 태음력 곧 太陰暦(たいいんれき)라고도 합니다.

2) **양력**: 陽暦(ようれき)라고 합니다. 太陽暦(たいようれき, 태양력)라고도 합니다.

3) **새해**: 新年(しんねん)이라고 읽습니다. 이것을 풀어서 말하면 '新(あたら)しい 年(とし)'가 됩니다.

4) **새우**: 'えび(蝦, 海老)'라고 합니다. 초급일본어 수준에서 자주 틀리는 것 중의 하나가 'えび'와 'へび(蛇)'입니다. 'へび(蛇)'는 뱀을 가리킵니다.

5) **장수**: 長寿(ちょうじゅ)라고 읽습니다. 일본도 한국도 100세 시

대를 맞이하고 있습니다. 장수는 축복입니다만, 준비되지 않은 장수는 재앙이 될 수도 있을 것 같습니다. 자식이 있는 부모들 사이에 '자식이 리스크가 될 수 있다'는 말이 널리 퍼지고 있습니다. 자식에게 너무 많이 투자하면 부모의 노후가 위험하다는 말입니다.

6) **검정콩**: 黒豆(くろまめ)라고 합니다. 여기에 나오는 'まめ'입니다만 忠実(충성)이라고 쓰고 'まめ'라고 읽는 경우가 있습니다. 이때는 성실, 바지런함을 의미합니다. 우리도 마찬가지입니다만, 일본인은 '忠実(まめ)な人(ひと)' 곧 '성실한 사람'을 높게 평가하는 편입니다.

7) **연하장**: 年賀状(ねんがじょう)라고 합니다. 일본 문화에서 연하장은 중요한 문화 중의 하나입니다. 또한 연하장에는 복권 곧 '宝くじ(たからくじ)'의 역할을 하는 것도 있습니다.

8) **근황**: 近況(きんきょう)라고 읽습니다. 일본인들은 近況報告(きんきょうほうこく, 근황 보고)라는 말을 자주 사용합니다. 예를 들어 방학이 끝나면 선생님들이 학생들에게 방학 동안 어떻게 보냈는지에 대해 近況報告(きんきょうほうこく)를 해 달라고 하곤 합니다.

일본문화 한마디

저는 음식 중에 면류를 별로 좋아하지 않습니다. 그렇다고 원래부터 좋아하지 않았던 것은 아닙니다. 중학교 때까지는 너무 좋아했습니다. 그래서 매일 아침 라면을 먹었습니다. 그렇게 한 3년을 먹다 보니 라면을 포함한 모든 면류를 먹지 않게 됐습니다.

그런데 일본에 있을 때 면류이지만 가끔 먹었던 것이 있습니다. '月見うどん(つきみうどん)'입니다. '月見(つきみ)'가 달맞이이고, 'うどん'은 우동이니 '月見うどん(つきみうどん)'은 '달맞이우동'이 라고 할 수 있을 것 같습니다. 이 우동은 과연 어떤 우동일까요? 맞습 니다. 우동 안에 달걀노른자가 달처럼 놓여 있습니다. 그 모습을 보 면 '月見うどん(つきみうどん)'이라고 하는 이유를 알 수 있습니다.

일본 삿포로에서 공부할 때 포장마차라고 하는 屋台(やたい)에서 가끔 '月見うどん(つきみうどん)'을 먹었습니다. 저녁에 둥근 달을 보 면서 말입니다. 달이 가까이 느껴졌습니다.

일본어한자어를 확인해봅시다

花鳥風月(かちょうふうげつ), 月齢(げつれい), 月刊(げっかん), 月額(げつがく), 月俸(げっぽう)

인(人)

일본어에서 다른 나라 사람에 대해 차별어로 쓰는 것 중에 대표적인 것으로 '로스케'가 있습니다. 러시아인을 **경멸**[1]하는 말입니다. 'ロスケ'라고 쓰는 것이 일반적인데 露助(노조)라는 일본어한자어를 쓰기도 사용합니다. 특히 **홋카이도**[2]에서 'ロスケ'라는 말이 많이 쓰입니다. 예를 들어 일본어로 쓴 '로스케는 **온천**[3]에 들어갈 수 없다'거나 '로스케는 **북방영토**[4]에서 불러나라'라는 문구를 거리에서 어렵지 않게 볼 수 있습니다.

일본인 특히 홋카이도 시민 중에 러시아인을 차별하는 사람이 있는 것은 지난 태평양전쟁과 밀접한 관련이 있습니다. 일본은 1941년에 일소불가침조약을 맺었는데 태평양전쟁 말기였던 1945년 8월에 그 조약을 깨고 **소련**[5]이 일본을 공격했습니다. 또한 현재 러시아가 실제로 주권을 행사하고 있는 하보마이 군도(歯舞群島)와 시코탄 섬(色丹島), 구나시리 섬(国後島), 에토로후 섬(択捉島)을 일본은 자신들의 고유 영토라고 주장하면서 지속적으로 러시아에 4개 섬의 반환을 요구하고 있습니다. 이들 섬은 홋카이도의 북단에 위치해 있습니다.

이와 같이 일본인의 러시아인 차별은 러시아가 일본과 맺은 조약을 어겼다든지 자신들의 옛 영토를 점령하고 있다는 인식에서 나왔다고 볼 수 있습니다.

한편 '로스케'와 함께 일본에서 사용되고 있는 타국인에 대한 차별어로는 '쵸센징'이 있습니다. 이것은 朝鮮人(조선인)의 일본식 한자 발음인 'ちょうせんじん'을 한글로 표기한 것입니다. 이 '쵸센징'이라는 차별어는 조선에 대한 **제국일본**[6]의 식민 정책과 밀접한 관련이 있습니다. 한마디로 이 말은 당시 조선인을 비하하기 위해 사용한 용어였습니다. 예컨대 조선인은 **사대주의**[7]가 강하다, 조선인은 게으르다 등이 차별어인 '쵸센징'에는 들어 있는 것입니다. 이런 이미지 조작이 식민사관에 **포함**[8]됩니다.

朝鮮人(ちょうせんじん)에서 알 수 있듯이 여기에 보이는 人(じん)은 '사람 인(人)'을 일본어로 음독한 것입니다. 하지만 음독에는 'じん'과 더불어 'にん'도 있습니다. 한편 훈독하면 'ひと'가 됩니다.

사람 인(人)

1. 의미: 사람, 남, 인품, 인재
2. 음독: [じん] 韓国人(かんこくじん) 한국인, 日本人(にほんじん)
   일본인
   [にん] 使用人(しようにん) 사용인, 弁護人(べんごにん)
   변호인
3. 훈독: [ひと] 人(ひと)を使(つ)かう 남을 고용하다, 人(ひと)がいい
   사람(인품)이 좋다, 人(ひと)をつくる 인재를 기르다.

일본어한자 人의 음독인 'じん'과 'にん'은 각각 언제 사용할까요? '국가+人'은 人(じん)으로 읽습니다. 예컨대 중국인과 미국인을 각각 中国人(ちゅうごくじん), アメリカ人(じん)으로 발음합니다. 또한 知識人(ちしきじん, 지식인), 연예인을 의미하는 芸能人(げいのうじん, 예능인)과 같이 '직능 관련 명사+人'도 人(じん)으로 읽습니다.

반면에 '동작 관련 명사+人'은 人(にん)으로 발음합니다. 이를테면 料理人(りょうりにん, 요리인), 発起人(ほっきにん, 발기인)이 그렇습니다. 이밖에 人(にん)으로 읽는 주요한 어휘에는 他人(たにん, 타인), 환자를 뜻하는 病人(びょうにん), 悪人(あくにん, 악인), 재수생을 의미하는 浪人(ろうにん, 낭인), 商人(しょうにん, 상인) 등이 있습니다.

더 알고 싶은 일본어한자

1) **경멸**: 軽蔑(けいべつ)라고 합니다. 일상생활에서도 자주 등장하는 말입니다. 이 표현과 함께 모멸을 뜻하는 侮蔑(ぶべつ)도 있습니다. 알아두면 편리합니다.

2) **홋카이도**: 北海道(ほっかいどう)입니다. 홋카이도에 삿포로(札幌)와 오타루(小樽)가 있습니다. 삿포로는 맥주나 눈축제로 우리에게 잘 알려져 있습니다. 눈축제는 '雪祭り(ゆきまつり)'라고 합니다. 오타루는 일본 영화『러브레터』(1995)의 무대가 됐던 곳입니다. 운하가 아름다운 곳입니다. 이 영화에 나왔던 명대사인 우리말의 '잘 지내시나요?'에 해당하는 「お元気(げんき)ですか。」는 지금까지도 회자되

고 있습니다.

3) **온천**: 温泉(おんせん)이라고 읽습니다. 일본은 온천으로 유명합니다. 예컨대 벳부(別府), 유휴인(湯布院) 등이 우리에게 잘 알려져 있는 온천입니다. 일본에서는 구사츠(草津)도 유명합니다만, 아직 우리에게는 생소한 온천지입니다. 이곳에 가면 땅 속에서 수증기와 함께 온천의 뜨거운 물이 올라오는 것을 직접 목격할 수 있습니다.

4) **북방영토**: 北方領土(ほっぽうりょうど)라고 읽습니다. 일본은 주변국과 영토분쟁을 하고 있습니다. 러시아와는 북방영토, 중국·대만과는 尖閣諸島(せんかくしょとう, 첨각제도)를 두고 갈등을 빚고 있습니다.

5) **소련**: ソ連(それん)이라고 합니다. 이때 소련(蘇聯)의 소(蘇)라는 한자를 쓰지 않는 것은 가타카나 'ソ'가 'ソビエト(소비에트)'의 약자이기 때문입니다.

6) **제국일본**: 帝国日本(ていこくにほん)이라고 읽습니다. 식민지를 가졌던 일본을 지칭하는 용어입니다.

7) **사대주의**: 事大主義(じだいしゅぎ)라고 읽습니다. 일본이 조선을 식민화할 때 자주 사용했습니다. 다시 말하면 일본은 중국의 지배를 받고 있는 조선을 독립시켜 주겠다고 말하면서 조선을 식민지로 만들었습니다. 그들이 특히 공격했던 것은 조선의 중국에 대한 조공이었습니다. 하지만 조공은 당시 중국을 중심으로 한 아시아의 질서체제라는 측

면도 있었습니다.

8) **포함**: 包含(ほうがん)이라는 말이 있기는 합니다만, '含む(ふく
む, 포함하다)' 혹은 '含まれる(ふくまれる, 포함되다)'와
같이 동사로 쓰는 것이 일반적입니다.

일본의 예능프로그램을 보면 가끔 놀라는 것이 있습니다. 상대방
의 머리를 때리면서 웃는 장면이 적지 않기 때문입니다. 때리는 사
람도 맞는 사람도 이상하게 생각하고 있지 않는 것 같습니다. 우리로
서는 문화충격입니다. 다른 하나는 연예인을 포함하여 일본인의 하
와이 사랑이 남다르다는 것입니다. 사실 역사적으로 보면 하와이가
일본 영토가 될 가능성도 없지는 않았습니다. 여하튼 하와이로 이민
을 갔던 일본인도 많아서인지 일본인의 하와이 사랑은 뜨겁습니다.
예컨대 재일 교포인 추성훈과 결혼한 일본인 배우도 하와이로 이주
한 것은 잘 알려져 있습니다.

個人(こじん), 友人(ゆうじん), 本人(ほんにん), 人手(ひとで), 人
前(ひとまえ)

일(日)

일본에 **유학**[1] 갈 때 두 가지 목표가 있었습니다. 하나는 전공하고자 하는 일본 **고전**[2]학을 제대로 공부하는 것이었고, 다른 하나는 재일교포 문제를 해결해보겠다는 것이었습니다. 이 가운데 두 번째 목표는 재일교포와 **결혼**[3]을 하여 함께 귀국하면 달성할 수 있을 것이라고 생각했습니다. 지금 돌이켜 보면 20대의 혈기가 느껴지는 생각입니다. 그러나 저는 결혼을 일본인과 했습니다. 두 번째 목표는 실현할 수 없었습니다. 한편 첫 번째 **목표**[4]는 지금도 현재진행형입니다.

재일교포를 일본에서는 在日(ざいにち, 재일)라고 부릅니다. 한자 그대로의 의미라면 '일본에 살고 있다'는 뜻입니다. 하지만 그 속사정은 좀 **복잡**[5]합니다. 중립적인 이 말이 차별 용어로 쓰이기 때문입니다. 일본에서 "너, 자이니치(在日, ざいにち)지!"라는 말은 우리의 "너, 빨갱이지!"와 크게 다르지 않기 때문입니다.

'날 일(日)'은 음독하면 在日(ざいにち)의 **사례**[6]처럼 'にち'라고 읽습니다. 예컨대 오늘 혹은 오늘날의 의미를 나타내는 일본어한자어는 今日(こんにち)입니다. 매일도 每日(まいにち)라고 읽습니다. 좀 변형되기는 하지만 이 'にち'의 발음이 살아 있는 단어에는 日光

(にっこう, 일광), 日記(にっき, 일기) 등이 있습니다.

　日(일)의 음독에는 'じつ'도 있습니다. '요전' 혹은 '전날'을 先日
(せんじつ), '어제'를 昨日(さくじつ), '휴일'을 休日(きゅうじつ)라고
말합니다.

　日의 훈독은 음독보다 더 복잡합니다. 'ひ'와 'び' 그리고 'か'라
고 훈독할 수 있기 때문입니다. 태양이나 햇볕은 日(ひ)라고 읽습니
다. '이 날'도 'この日(ひ)'라고 합니다.

　日의 훈독인 'び'를 보겠습니다. 예컨대 토요일은 土曜日(どよう
び)라고 읽습니다. 요일(曜日)에 나오는 日은 'び'라고 발음하면 됩
니다. 또한 급여일은 給料日(きゅうりょうび)라고 합니다. 給料日
(きゅうりょうび)처럼 한자 3개로 구성된 한자어에 나오는 日은 'び'로
읽는 경향이 있습니다.

　日의 훈독인 'か'의 **용례**[7]를 보겠습니다. '이틀'을 二日(ふつか),
'사흘'을 三日(みっか)라고 발음합니다.

날 (일)

1. 의미: 하루, 해, 햇볕, 날, 요일, 일
2. 음독: [にち] 一日(いちにち) 하루
　　　　[じつ] 旭日(きょくじつ) 욱일, 平日(へいじつ) 평일
3. 훈독: [ひ] 朝日(あさひ) 아침해, 日(ひ)に焼(や)ける 햇볕에 타
　　　　　다, 子供(こども)の日(ひ) 어린이 날
　　　　[び] 木曜日(もくようび) 목요일

일본을 일본어한자어로 하면 日本(にほん)이 됩니다. 또는 日本(にっぽん)이 되기도 합니다. 혹은 日本国(にほんこく, 일본국)라는 말을 쓰기도 합니다. 여하튼 일본 국명인 日本(にほん)은 '日の本(ひのもと)' 곧 해가 떠오는 곳이라는 의미에서 왔습니다. 이것은 철저하게 서쪽 곧 중국을 의식한 국명이라고 생각해도 좋습니다.

일본 국기를 日の丸(ひのまる)라고 합니다. 대단히 간단한 모양입니다. 이것도 태양을 상징합니다. 일본에서 태양이 중요한 것은 그것이 일본의 **신화**[8]와 밀접한 관련이 있기 때문입니다. 일본의 황조신(皇祖神)에 해당하는 아마테라스 오오미카미(天照大神)가 바로 태양신입니다.

더 알고 싶은 일본어한자

1) **유학**: 留学(りゅうがく)라고 발음합니다. 머물러서 배운다는 뜻입니다만, 타지(他地) 특히 외국에 체류하며 공부하는 것을 말합니다. 유학생은 留学生(りゅうがくせい)라고 합니다. '유학생'으로 표기하면 뭔가 멋있어 보이는데, 留学生(りゅうがくせい)로 하면 뭔가 멋이 없어 보입니다. 한글은 표음문자이지만 표의문자 같은 기능도 하는 것 같습니다.

2) **고전**: 古典(こてん)이라고 합니다. 이것은 영어 classic을 나타내기도 하고 더 나아가 정전(正典, canon)을 뜻하기도 합니다. 그런데 古典(こてん)의 선정에는 선택과 배제가 반드시 들어가게 됩니다. 그래서 선정자에 따라 어떤 것은 고전에 포함되기도 하고 또 어떤 것은 거기서 빠지기도

하는 것입니다.

3) **결혼**: 結婚(けっこん)이라고 읽습니다. 반면에 이혼은 離婚(りこん)이라고 합니다. 우리의 '돌싱'을 일본에서는 'ばついち'라고 합니다. 일본에서는 엑스표인 '×'를 'ばつ'라고 읽습니다. 'いち'는 한자 숫자인 '一(일)'입니다. 곧 'ばついち'는 이혼을 한 번 실패했다는 것을 말합니다. 두 번 했다면? 'ばつに(ばつ二)'가 됩니다.

4) **목표**: 目標(もくひょう)라고 말합니다. 일본어한자읽기의 목표는 마스터가 아닙니다. 마스터할 수 없기 때문입니다. '익숙해지기'라고 생각합니다.

5) **복잡**: 複雑(ふくざつ)입니다. 한일관계는 복잡합니다. 하지만 인접 국가와 언제까지나 불변한 관계를 유지할 수는 없지 않을까요? 지금이야말로 지혜가 필요한 시기라고 생각합니다.

6) **사례**: 事例(じれい)라고 합니다. 관련 용어로 전례인 前例(ぜんれい)가 있습니다. 일본사회를 흔히 매뉴얼 사회라고 말합니다. 이 말은 전례가 없으면 하지 않는다는 것입니다. 긍정적인 측면도 없지는 않지만 사회를 혁신하는 데 전례를 금과옥조로만 여기는 것은 좀 문제가 있을 수 있습니다.

7) **용례**: 用例(ようれい)라고 합니다. 일본에서는 고전학을 연구할 때 용례 곧 用例(ようれい)를 대단히 중시합니다. 이것이 정도가 지나치면 用例主義(ようれいしゅぎ, 용례주의)가

됩니다. 곧 용례가 없으니 그런 것은 '없었다'고 간주하는 것입니다. 하지만 고전학에서는 자료가 현존하지 않는 경우가 적지 않습니다. 이럴 때는 상상력을 동원하는 것도 필요하다고 생각합니다. 단, 근거 있는 상상이어야 합니다.

8) **신화**: 神話(しんわ)라고 합니다. 관련 어휘로는 伝説(でんせつ, 전설) 등이 있습니다.

일본문화 한마디

제가 재직하는 학과인 일본학과에 현직 초등학교 교사가 편입했습니다. 그의 입학 동기는 저에게 여러 가지를 생각하게 했습니다. 작고한 전(前) 아베 일본 총리가 한국에 대한 수출 규제를 시작했고, 이에 대해 우리 국민의 불매운동이 한창인 때였다고 합니다. 그가 담임을 맡고 있는 교실에는 한국인 아버지와 일본인 어머니 사이에서 태어난 학생이 있었다고 합니다. 하루는 그 반의 학생들이 한일 커플의 아이에게 "너는 일본사람이니 일본으로 가라."고 말했다고 합니다. 이 말에 충격을 받은 아이는 며칠 동안 등교를 하지 못했고, 이 사실을 알게 된 그는 일본에 대해 알고 싶어서 일본학과에 들어오게 됐다고 합니다. 반 아이들은 애국심에서 한일 커플의 반 친구에게 "너는 일본사람이니 일본으로 가라"고 했을 지도 모릅니다.

일본에서 재일교포 아이들은 이와 반대의 상황에 처해 있습니다. 한일 간에 악재가 생기면 재일교포 아아는 "너는 조선(한국)인이니까 한국으로 가라."는 말을 듣곤 합니다. 이런 사실을 전하는 우리의 언론 보도를 들으면 우리는 격분을 합니다. 그런데 그와 같은 말을, 폭언이며 차별적인 그 말을 우리도 한일 커플에서 태어난 반 친구에게 또는 우리나라의 학교에 다니는 일본인에게 하고 있습니다.

좀 전에 예시한 한일 커플에서 태어난 아이가 겪은 일을 사실 제 큰아이와 둘째아이도 겪었습니다. 특히 둘째의 경우가 놀라웠습니다. 둘째는 초등학교 1학년인데 최근에 "너는 일본인이니까 경찰에 신고하겠다."는 말을 들었다고 합니다.

애국심을 갖는 것은 중요합니다. 하지만 그것이 배타적이거나 차별적인 방향으로 흘러가고 있을 때는 주의할 필요가 있다고 생각합니다. 진정한 의미의 선진국 시민에게는 그에 걸맞은 품위와 포용력이 있어야 한다고 생각합니다. 적어도 저는 그렇게 생각합니다. 물론 초등학생에게 품위와 포용력을 요구하는 것은 무리일 수 있습니다. 하지만 그들에게 그런 생각이 중요하다는 것을 알려주는 것은 저를 포함한 성인의 역할이 아닐까요?

일본어한자어를 확인해봅시다

日課(にっか), 休日(きゅうじつ), 日米(にちべい), 日没(にちぼつ), 日系(にっけい)

제24절

잡(雜)

얼마 전부터 **텃밭**¹⁾을 가꾸고 있습니다. 현재 거주 중인 ○○○구에서 텃밭을 6개월간 **무료**²⁾로 나누어주고, 상추와 고추 그리고 가지 등의 모종도 주었기 때문입니다. 텃밭은 초등학생 아이의 걸음으로 족히 30분은 걸리는 거리에 있지만 두 딸아이는 주말마다 **물을 주러**³⁾ 텃밭에 신나게 갑니다. 아이들이 밭에 물을 주기 전에 일본인 아내는 "그새 잡초가 많이 자랐네."라고 말하면서 거리를 굽혀가며 농촌의 아낙처럼 열심히 잡초를 뽑습니다.

텃밭에서 잡초를 제거하고 있는 아내를 바라보며 '잡초는 뽑아야 하는 대상이구나!'하는 생각을 다시금 하게 됩니다. 잡초(雜草)의 사전적 의미는 '가꾸지 않아도 저절로 나서 자라는 여러 가지 풀'입니다. 여기에는 긍정적인 의미도 부정적인 의미도 없어 보입니다. 하지만 이 '잡초'가 '무덤 주변의 잡초를 베다', '옛 궁터에는 잡초가 무성하다', '벼에 농약을 치지 않기 때문에 잡초를 제거해야 한다'와 같이 쓰이는 것을 보면 잡초가 부정적인 대상으로 사용되고 있다고 봐도 좋을 것 같습니다.

길을 걷다가 어느 인력회사의 간판에서 잡부(雜夫)라는 글자를 봤습니다. 사전적 정의에 따르면 잡부는 '여러 가지 자질구레한 일에 종사하는 사람' 혹은 '잡일을 하는 일꾼'입니다. 또한 '잡일'은 '여러 가지 자질구레한 일'입니다. 여기서 잡부의 의미를 규정하는 데 '자질구레하다'라는 말이 중요합니다. '자질구레하다'를 찾아보면 '모두 다 그만그만하게 시시하고 보잘 것 없다'라고 나와 있습니다. 결국 잡부는 별로 중요하지 않거나 대수롭지 않은 일을 하는 사람이라는 의미라고 생각할 수 있습니다

잡(雜)이 들어가는 낱말 중에 '잡(雜)것'이 있습니다. '잡되고 상스러운 사람을 욕하여 이르는 말'이라고 합니다. 이밖에도 잡놈, 잡년 등과 같은 말도 남을 **욕**[4]할 때 쓰는 표현입니다. '잡동사니'라는 말도 있습니다. '별 소용이 없는 여러 가지가 잡다하게 뒤섞인 것'을 뜻합니다. 잡종(雜種)도 있습니다. '서로 다른 종이나 계통 사이의 교배에 의해서 생긴, 유전적으로 순수하지 못한 생물'입니다.

이와 같이 잡(雜)이 들어가는 우리말 어휘를 살펴보면 **긍정적**[5]인 의미가 있거나 긍정적으로 쓰이는 용례는 별로 없어 보입니다. 그리고 이런 **경향**[6]은 일본어도 크게 다르지 않습니다.

섞일 잡(雜)

1. 의미: 섞이다, 순수하지 않다, 조잡하다, 어수선하고 번거롭다, 가치가 적다, 기타
2. 음독: [ざつ] 混雜(こんざつ) 혼잡, 雜種(ざっしゅ) 잡종, 粗雜(そざつ) 조잡, 煩雜(はんざつ) 번잡, 雜用(ざつよう) 잡용, 雜収入(ざっしゅうにゅう), 잡수입
   [ぞう] 雜歌(ぞうか) 잡가

예를 들어 일본어에 '雜(ざつ)な作(つく)り方(かた)'라는 말이 있습니다. 조잡하게 만들었다는 말입니다. '仕事(しごと)が雜(ざつ)だ'라고 하면 '일을 꼼꼼하게 하지 못하고 조잡하다'라는 말입니다. '雜(ざつ)な字(じ)'라고 하면 '글씨가 예쁘지 않은 조잡한 것'을 뜻합니다.

이처럼 일본어에서 雜(ざつ)는 한국어와 마찬가지로 긍정적인 의미를 나타내거나 긍정적인 대상이 되지 못하고 있습니다.

그런데 雜(ざつ)는 긍정적인 의미를 나타내거나 긍정적인 대상이 되지 못하지만 중립적인 의미를 나타내거나 중립적인 대상으로 쓰이는 雜(ざつ)의 용례가 있습니다. 대표적인 것이 雜誌(ざっし, 잡지)라고 생각합니다. 우리말 **잡지**[7]입니다. 보통 주간잡지, 월간잡지, 계간잡지 등으로 쓰입니다.

일본에서 가장 오래된 시가집에 『만엽집』이 있습니다. 여기에는 약 4500여 수의 노래(歌)가 수록되어 있는데 이들 노래는 相聞(そうもん), 挽歌(ばんか), 雜歌(ぞうか) 등으로 분류되어 있습니다. 相聞(そうもん)은 사랑의 노래이고, 挽歌(ばんか)는 죽음의 노래입니다. 그리고 이런 부류에 들어가지 않는 것을 雜歌(ぞうか) 곧 잡가라고 합니다.

방금 언급했듯이 雜誌(ざっし)는 우리말에서도 **중립**[8]적인 것 같습니다. 또한 잡채도 중립적입니다. 그런 의미에서 일본어와 한국어에서 雜(ざつ)와 잡(雜)은 그 쓰임이 상당히 유사하다고 볼 수 있을 것 같습니다.

1) **텃밭:** 畑(はたけ)라고 합니다. 이 말은 전문 분야를 가리킬 때
도 씁니다. 예를 들어 '畑(はたけ)が違(ちが)う'라고 말하
면 '전문 분야가 다르다'라는 말입니다. 일본사람은 이
표현을 자주 씁니다. 알아 두면 유용하게 사용할 수 있습
니다.

2) **무료:** 無料(むりょう)입니다. 이 말과 함께 'ただ'라는 말도 자주
씁니다. 유학할 때 "일본에는 무료가 없다."라는 말을 자
주 했습니다. 그러나 예외가 있었습니다. 거리에서 나눠
주는 작은 티슈는 무료였습니다. 한동안 그 작은 무료 티
슈는 저의 생활비를 절감하는 데 도움을 주었습니다.

3) **물을 주다:** '水遣り(みずやり)'라고 합니다. 간단한 말입니다만
모르면 쓰지 못하는 표현입니다.

4) **욕:** 悪口(わるぐち)라고 합니다. 욕을 하다는 '悪口(わるぐち)を
言(い)う'라고 합니다. 일본어를 공부하다보면 일본어에
는 욕이 별로 없어 보인다고 생각하게 됩니다. 일리가 있
습니다. 하지만 자세히 살펴보면 욕의 표현이 좀 우리와
다르기 때문에 그렇게 생각하게 됐는지도 모릅니다. 이를
테면 일본의 아이들이 하는 욕 가운데 "너의 엄마 배꼽은
뛰어나온 배꼽"이라는 표현이 있습니다. 언뜻 생각하면
욕 같지 않습니다. 하지만 곰곰이 생각해보면 달라집니
다. 다시 말하면 상대방 아이의 엄마 배꼽이 뛰어나온 배

꼽인지 아닌지를 알 수 있는 상황을 상상해보면 이 말이
욕이 될 수 있다는 것을 짐작할 수 있습니다. 한편 일본사
람은 우리가 흔히 말하는 '개○끼'라는 욕을 이해하지 못
합니다. 왜냐하면 이 말을 직역하면 子犬(こいぬ) 곧 강아
지가 되기 때문입니다.

5) **긍정적**: 肯定的(こうていてき)라고 합니다. '前向き(まえむき)'
라는 표현도 긍정적이라는 의미로 쓸 수 있는데, 전향(前
向) 곧 앞으로 향하기 때문입니다. 반대말에는 否定的(ひ
ていてき)와 '後ろ向き(うしろむき)'가 입니다.

6) **경향**: 傾向(けいこう)라고 합니다. '기울 경(傾)'의 동사는 '傾く
(かたむく)'로 '기울다'라는 의미입니다.

7) **잡지**: 雜誌(ざっし)라고 합니다. 예전에 일본 지식인 중에 한국
이 문화적으로 일본보다 뒤지고 있는 것은 잡지 종류가
적기 때문이라고 말한 사람이 있었습니다. 일본사람이라
면 그렇게 생각할 수 있을 지도 모릅니다. 그만큼 일본에
는 잡지 종류가 다양한데 반해 우리는 그렇지 못했기 때
문입니다.

8) **중립**: 中立(ちゅうりつ)라고 말합니다. 그런데 요즘은 이 말보다
영어 표현인 'ニュートラル(neutral)'를 더 선호한다는 느
낌을 받습니다.

일본어 雜(ざつ)에는 질서가 없음 곧 무질서의 뜻이 있습니다. 이 것은 잡(雜)이라는 한자어의 의미에서 온 것입니다. 그런데 한자어 잡(雜)에는 여러 가지 용례가 있는데 일본에서는 그 가운데 부정적 인 의미나 부정적인 대상으로 雜(ざつ)를 사용하고 있는 경향이 있 습니다. 이것은 우리도 크게 다르지 않습니다. 이런 雜(ざつ)의 사 용례를 보면 일본과 한국에는 순종이나 순수 혈통을 좋게 보고 여러 가지가 섞이는 것을 그렇게 보지 않는 문화가 있는 것 같습니다. 그 러나 조금만 생각해 보십시오! 세상에 섞이지 않은 것이 과연 있는 지 모르겠습니다. 일본어 雜(ざつ)와 한국어 잡(雜)은 우리에게 여 러 가지를 생각하게 합니다.

乱雑(らんざつ), 雑念(ざつねん), 雑事(ざつじ), 錯雑(さくざつ), 雑音(ざつおん)

취(臭)

유학 초기였습니다. 겨울방학을 이용하여 1년 6개월 만에 귀국하기로 했습니다. 삿포로발-김포**공항**[1]행 비행기에는 적지 않은 일본인 관광객이 탑승하고 있었습니다. 서울에 도착하면 명동과 이태원 등을 관광하고 싶다는 이야기가 들려왔습니다. 이들 관광객들이 어디에 사는 누구인지는 모르지만 홋카이도에서 살고 있는 사람들이라는 것은 확실했기에 당시 홋카이도의 삿포로에서 공부하고 있던 저로서는 왠지 모르게 기분이 좋아졌습니다.

신치토세(新千歲)공항을 떠난 비행기가 서서히 김포공항 상공으로 진입하기 시작했습니다. 제 주변에 있던 관광객들이 카메라를 꺼내어 사진을 찍기 시작했습니다. 바로 그때였습니다. 어떤 사람이 "야! 벌써 김치 냄새가 난다."라고 말하자 다른 사람이 "그러네요."라고 웃으면서 **맞장구**[2]를 쳤습니다. 순간 저는 깜짝 놀랐습니다. 한국을 대표하는 냄새가 김치 냄새였기 때문입니다. 관광객이 말했던 '김치 냄새가 난다'를 일본어로 「キムチの匂(にお)いがする。」라고 합니다. 일본어 '냄새'는 '匂い(におい)' 혹은 '臭い(におい)'라고 씁니다.

일본사람은 냄새에 대단히 민감한 편입니다. 그래서 고급 일식집에서 식사를 할 때는 손님들이 향수를 쓰지 않고 간다고 합니다. 향

수 냄새로 생선회나 **초밥**[3]에서 나는 고유한 냄새를 즐기지 못하기 때문입니다.

일본 유학 초기에 흥미로운 질문을 받은 적이 있습니다. 어느 날 유학생 선배와 한국식 불고기집에 간 적이 있었습니다. 선배는 갑자기 저에게 저기서 **불고기**[4]를 함께 먹고 있는 젊은 남녀가 연인인지 아닌지를 맞춰 보라고 했습니다. 잘 모르겠다고 대답하자, 그 선배는 아마도 연인일 가능성이 클 것이라고 말했습니다. 궁금해서 그 이유는 묻자, "불고기를 구우면 냄새가 나잖아. 그 냄새를 공유할 수 있는 사이라면 연인이지!"라고 답했습니다.

유학생활이 길어지면서 일본인들이 회식으로 한국식 불고기를 먹을 때는 주로 금요일에 먹는다는 것을 알게 됐습니다. 월요일부터 목요일 사이에 불고기 **회식**[5]을 하면 그 냄새가 옷에 배어 다음날 출근할 때 신경이 쓰이지만 금요일 저녁이라면 다음날이 주말이라서 괜찮기 때문입니다.

일본인들이 냄새에 신경을 많이 쓰는 것은 TV 광고에 냄새를 없애는 상품 곧 消臭剤(しょうしゅうざい) 관련 제품이 많다는 것에서도 잘 알 수 있습니다. 화장실 냄새뿐만이 아닙니다. 발 냄새, 겨드랑이 냄새, **입 냄새**[6] 등 불쾌하다고 느껴지는 냄새는 모두 지워버리고 싶어 하는 것 같습니다. 저에게는 일종의 결벽증과 같이 느껴집니다.

냄새 취(臭)

1. 의미: 냄새, 냄새가 나다, 구리다

2. 음독: [しゅう] 悪臭(あくしゅう) 악취

3. 훈독: [くさい] 臭い(くさい) 냄새가 나다

臭(しゅう, 취)가 음독으로 쓰이는 경우는 별로 어렵지 않습니다. 그런데 臭(しゅう)가 훈독으로 쓰일 경우는 좀 신경을 쓸 필요가 있습니다. 예컨대 비린내가 나는 것을 生臭(なまぐさ)라고 말합니다.

또한 '臭い(くさい)'의 용례는 주의를 해야 합니다. 대체적으로 좋은 **어감**⁷⁾이 아니기 때문입니다. '息(いき)が臭(く)さい'는 '입내가 고약하다'라는 뜻입니다. 또한 「あいつはどうも臭(く)さい。」라고 하면 '저 녀석은 아무래도 **수상하다**⁸⁾'는 의미입니다.

한편 '臭い(くさい)'는 접미어로도 쓰입니다. '酒(さけ)臭(く)さい'는 '술 냄새가 나다'이고, '貧乏(びんぼう)臭(く)さい'는 '가난한 티가 나다'가 됩니다.

더 알고 싶은 일본어한자

1) **공항**: 空港(くうこう)라고 합니다. 空(そら)의 港(みなと) 곧 하늘의 항구라는 의미입니다. 일본에 関西空港(かんさいくうこう, 관서공항)가 있습니다. 오사카(大阪)를 중심으로 한 지역의 대표적인 공항입니다. 이를 줄여서 関空(かんくう)라고 합니다.

2) **맞장구**: '相(あい)づちを打(う)つ'라고 말합니다. 일본인이 맞장구를 치는 타이밍과 우리의 그것은 좀 다릅니다. 일본

인은 상대방이 이야기를 하는 도중에 그때그때 고개를 끄덕이거나 "맞아요.", "그러게요." 등을 말하면서 맞장구를 칩니다. 상대방의 이야기를 경청하고 있다는 표시입니다. 반면에 우리는 상대방의 이야기가 어느 정도 끝나면 그때 맞장구를 칩니다. 이와 같이 맞장구를 치는 타이밍이 다르기에 일본인은 우리와 이야기를 할 때 상대방이 나의 이야기를 잘 듣지 않는다고 오해합니다.

3) **초밥**: 寿司(すし)라고 합니다. 회전초밥은 回転寿司(かいてんずし)라고 합니다. 서민이 즐겨 찾는 곳입니다. 그런데 이런 회전초밥집에 흥미로운 메뉴가 있습니다. 맛탕을 의미하는 大学芋(だいがくいも)가 나오기도 한다는 것입니다. 초밥집에 맛탕이라니! 물론 디저트이기는 합니다만.

4) **불고기**: 焼き肉(やきにく)입니다. 일본에서 29일은 '불고기 먹는 날'이라고 합니다. 일본에서 불고기는 주로 소불고기를 가리킵니다. 그래서 좀 비싼 편입니다. 소고기와 관련해서 소고기덮밥인 牛丼(ぎゅうどん)을 뺄 수가 없습니다. 일본인이 아주 즐기는 음식 중의 하나이기 때문입니다. 그리고 이런 牛丼(ぎゅうどん)을 전문적으로 취급하는 전문점도 있습니다.

5) **회식**: 会食(かいしょく)입니다. 코로나로 회식이 크게 줄자 이를 반기는 직장인이 일본에서도 한국에서도 적지 않았다고 합니다. 왜냐하면 회식은 즐거운 자리이기도 합니다만 회사의 상하관계가 연장된 공간이기도 하기 때문입니다.

6) **입 냄새**: 口臭(こうしゅう, 구취)라고 합니다. 일본인은 口臭(こう しゅう)에 대단히 민감한 편입니다. 일본에 가게 되면 이와 관련된 제품에 어떤 것이 있는지 살펴보는 것도 흥미로울 것 같습니다.

7) **어감**: 語感(ごかん)입니다. 비슷한 말로 'ニュアンス'와 '言葉 (ことば)の綾(あや)'가 있습니다.

8) **수상하다**: '怪しい(あやしい)'라고 말합니다. 남녀 관계에서 '怪しい(あやしい)'라는 말을 쓰면 '저 두 사람은 사귀고 있는지도 모른다'는 느낌을 줍니다.

일본인은 한국의 건물에 들어가서 일본어로 'キムチ臭(くさ)い' 혹은 'にんにく臭(くさ)い'라고 말할 때가 있습니다. 'キムチ臭(くさ)い' 는 '김치 냄새가 난다'라는 뜻이고, 'にんにく臭(くさ)い'는 마늘 냄새가 난다는 뜻입니다. 물론 긍정적인 의미는 아닙니다. 한편 우리는 일본의 건물에 들어가면 간장 냄새를 느끼곤 합니다. 일본어로 말하면 '醤油(しょうゆ)臭(くさ)い'입니다. 이런 냄새는 아마도 한국과 일본의 식문화와 밀접한 관계가 있는 듯합니다.

일본어한자어를 확인해봅시다

悪臭(あくしゅう), 体臭(たいしゅう), 無臭(むしゅう), 脱臭剤(だっ しゅうざい), 俗臭(ぞくしゅう)

택(宅)

코로나[1]는 우리에게 적지 않은 변화를 불러왔습니다. 미세먼지로 공기가 좋지 않은 날에도 답답하다며 마스크를 쓰지 않았던 사람들이 밀폐된 공간이 아닌 거리에서도 마스크를 벗지 않습니다. 거리에서는 마스크 착용을 하지 않아도 된다고 하는데도 말입니다. 이런 부류에 사실 저도 들어갑니다. 코로나로 마스크가 일상이 됐습니다.

마스크와 더불어 코로나가 우리의 일상생활에 변화를 준 것 중의 하나는 **재택**[2]근무의 활성화입니다. 예전에는 일부 직업군에 한하여 실시됐던 재택근무가 코로나로 직업군과 관계없이 널리 퍼졌고, 앞으로 이 추세는 당분간 지속될 것 같습니다. 아니, 이것이 새로운 근무 환경으로까지 정착될 가능성도 있습니다. 또한 **비대면**[3] 접촉 등의 영향으로 택배 이용은 폭발적으로 증가했습니다. 이 택배 문화는 포스트 코로나 시대에도 그 성장세가 이어질 것이라고 전망됩니다.

재택근무는 일본어로 在宅勤務(ざいたくきんむ)라고 하고, 택배는 宅配(たくはい)라고 합니다. 이때 宅(たく, 택)은 말할 것도 없이 '집'을 의미합니다.

1. 의미: 집, 남편, 자기 집, 상대방 혹은 상대방의 집
2. 음독: [たく] 宅(たく) 남편 혹은 자기 집, お宅(たく) 상대방 혹은
   상대방의 집

그런데 우리가 흔히 사용하는 택배라는 말이 일본어 宅配(たくは
い)에서 왔다는 것을 모르는 사람이 적지 않습니다. 사실 택배는 글
자 그대로 '집(宅)까지 배달(配達)한다'는 의미입니다. 좀 더 정확히
말하면 宅配(たくはい)는 自宅配達(じたくはいたつ, 자택배달)의 약
자입니다.

宅配(たくはい)를 말할 때 빠질 수 없는 핵심 어휘가 있습니다. 宅
急便(たっきゅうびん, 택급편)이 그것입니다. 이 말은 일본의 모(某)
택배회사의 택배 서비스의 상표인데, '당신의 집까지 빠르게 배달하
는 서비스'라는 의미를 가지고 있습니다. 예컨대 'クール宅急便
(たっきゅうびん)'이라고 말하면 **냉동식품**[4] 등을 배달하는 것을 가
리킵니다. 'クール'는 영어 cool을 가리킵니다.

일본의 공항에 도착하면 제가 제일 먼저 하는 것은 가지고 왔던 부
피도 있고 무거운 짐을 空港宅急便(くうこうたっきゅうびん, 공항택급
편)으로 먼저 처가에 보내는 것입니다. 비용이 좀 들기는 하지만 대
단히 편리한 제도라고 생각합니다.

앞에서도 언급했듯이 우리말 택배는 원래 일본에서 유래한 말이
었습니다. 이 말이 한자어였기에 **위화감**[5] 없이 우리말이 된 것입니

다. 일본이 **서양**⁶⁾의 근대문화와 문물을 일본어한자어를 활용하여 번역한 것을 지금도 우리가 그대로 쓰고 있듯이 말이다. 몇 번 언급한 적이 있지만 일본어한자어 社会(しゃかい), 哲学(てつがく), 科学(かがく), 自由(じゆう) 등을 각각 사회, 철학, 과학, 자유로 쓰고 있듯이 말이다.

그런데 흥미로운 것은 宅配(たくはい)에 나오는 宅(たく)라는 일본어한자입니다. 여기에는 '자기 집의 남편'을 가리키는 의미가 있는데, 우리말의 택(宅)은 '남의 아내를 높여 부르는 말'로 쓰인다는 점입니다. 예를 들면 "댁의 남편은 뭐하는 사람입니까?" 같이 쓸 수 있다. 또한 청주댁이나 남원댁 혹은 밀양댁처럼 명사 밑에서 접미사로 쓰여서 '그 지역 **출신**⁷⁾이거나 그 **지역**⁸⁾에서 시집온 여자'를 나타내기도 합니다.

더 알고 싶은 일본어한자

1) **코로나**: '新型(しんがた)コロナ'라고 말하거나 이것을 줄여서 'コロナ'라고 하기도 합니다. 코로나가 발생했을 때 일본이 취한 정책은 水際(みずぎわ) 대책이었습니다. 발생지와의 접촉을 막는 일본의 봉쇄 정책입니다. 일본에는 나쁜 것은 모두 외부에서 온다는 믿음이 있습니다. 예를 들어 입춘 전날인 節分(せつぶん, 절분)에 볶은 콩을 뿌리며 "복은 안으로, 도깨비는 밖으로."라고 말하면서 악귀를 쫓는 풍습이 있습니다. 이것은 안과 밖을 구분하는 의식입니다. 이처럼 안과 밖을 구분하여 나쁜 것은 외부에

서 초래된다는 믿음은 島国根性(しまぐにこんじょう) 곧 섬나라 근성과 밀접하게 관련이 있다고 생각합니다.

2) **재택**: 在宅(ざいたく)라고 합니다. 관련 어휘로 在籍(ざいせき, 재적) 등이 있습니다. 在(ざい, 재)는 있다는 뜻입니다.

3) **비대면**: 非対面(ひたいめん)입니다. 반대어는 対面(たいめん, 대면)입니다. 참고로 우리말 몰상식을 일본어로 非常識 (ひじょうしき, 비상식)라고 말합니다.

4) **냉동식품**: 冷凍食品(れいとうしょくひん)입니다. 앞에서도 언급 했지만 이와 같은 신선식품을 배달하는 것을 보통 'クー ル宅急便(たっきゅうびん)'이라고 부릅니다.

5) **위화감**: 違和感(いわかん)이라고 말합니다. 이 말 대신에 문맥 에 따라서는 抵抗感(ていこうかん, 저항감)이라는 말을 쓰기도 합니다.

6) **서양**: 西洋(せいよう)라고 부릅니다. 일본에서 洋(よう, 양)는 서 양 문물 혹은 서양 문화를 가리킵니다. 예컨대 洋服(よう ふく, 양복), 洋食(ようしょく, 양식) 등이 그렇습니다. 단, 일본어 洋服(ようふく)과 한국어 양복의 의미가 서로 다르 다는 것에 주의할 필요가 있습니다. 우리말의 '양복'은 일 본어로 'スーツ'라고 합니다. 이것은 영어 suit의 일본식 발음을 가타가나로 표기한 것입니다.

7) **출신**: 出身(しゅっしん)이라고 합니다. 고향을 물을 때 쓸 수 있 습니다. 고향을 물을 때는 「お国(くに)はどちらですか。」 라는 표현도 씁니다.

8) **지역**: 地域(ちいき)라고 합니다. 상대적이기는 하지만 일본은 우리보다 지역성이 아주 강합니다. 근대 이전에는 작은 소국의 집합이 일본이라는 느낌을 줄 정도입니다. 예컨대 일본 본토의 북단에 살았던 사람과 동경 근처에 살았던 사람들은 의사소통이 되지 않을 정도였다고 합니다. 표준어인 '일본어'가 필요하게 된 이유입니다.

저는 일본의 홋카이도에 있는 삿포로에서 약 8년간 유학을 했습니다. 몇 십 년 전의 일인데 어제와 같이 기억이 생생합니다. 삿포로의 겨울은 눈이 많이 내리기로 유명합니다. 그래서 거기에 있는 주택의 지붕이 좀 남다릅니다. 내린 눈이 자연스럽게 떨어지도록 지붕이 비스듬하게 되어 있습니다. 주택 양식이 기후와 밀접한 관련이 있다는 것을 알 수 있었습니다. 또한 삿포로에 있는 집의 특색으로 우리식 온돌이 설치되어 있다는 점을 들 수 있습니다. 그런데 그것을 방 안이 아니라 현관 앞에 설치하는 것이 흥미롭습니다. 내린 눈이 곧바로 녹을 수 있도록 하기 위함입니다. 다만 전기료가 많이 나오기에 모든 집이 설치하지는 못하는 것 같습니다.

일본어한자어를 확인해봅시다

洋行(ようこう), 洋裁(ようさい), 東洋(とうよう), 洋弓(ようきゅう), 和魂洋才(わこんようさい)

와(和)

일본어와 일본문화를 대표하는 일본어한자에 和(わ, 화)는 반드시 들어간다는 것에 **이견**[1]은 없을 것 같습니다. 그렇다면 그 연원은 어디에서 시작되는 것일까요?

6~7세기에 생존했다고 전해지는 일본의 성덕태자, 일본어로 聖德太子(しょうとくたいし)라는 인물은 일본사에서 뺄 수 없는 인물입니다. 그는 여러 가지 업적을 남겼는데 그 가운데 일본 최초의 **헌법**[2]이라고 부를 수 있는 17조헌법(十七条憲法)이 유명합니다. 이것이 널리 회자되는 이유 중 하나는 제1조에 '以和為貴(이화위귀), 無忤為宗(무오위종)' 곧 和(わ)를 존중하여 다투지 않을 것을 천명하고 있기 때문입니다. 이것이 근거가 되어 和(わ)를 중시하는 일본문화가 생성됐다고 설명하는 것이 일반적입니다.

고르다, 조화되다, 알맞다, 화목하다 등의 의미를 가지고 있는 和(わ)는 調和(ちょうわ, 조화)나 和解(わかい, 화해) 등으로 쓰입니다. 和(わ)는 어려운 일본어한자가 아닙니다.

그런데 이 和(わ)에는 특이한 용법이 있습니다. 그것은 이 和(わ)라는 일본어한자가 '**일본**(日本)[3]'을 가리키기도 한다는 점입니다. 예를 들어 일본 옷은 和服(わふく), 일본 음식은 和食(わしょく), 일본적인 양식은 和風(わふう)처럼 말입니다. 和(わ)의 용법에서 중요한 것은 바로 이것이라고 생각합니다.

고를 화(和)

1. 의미: 온화하다, 사이좋게 지내다, 조화되다, 일본(식)
2. 음독: [わ] 和気(わき)あいあい 화기애애, 和平(わへい) 화평, 調和(ちょうわ) 조화, 和紙(わし) 일본 종이, 和菓子(わがし) 일본 전통 과자
3. 훈독: [やわらぐ] 和らぐ(やわらぐ), 누그러지다
   [やわらげる] 和らげる(やわらげる) 누그러뜨리다, 부드럽게 하다
   [なごむ] 和む(なごむ) 누그러지다, 부드러워지다
   [なごやか] 和やか(なごやか) 부드러움, 화기애애

일본어한자 和(わ)가 '일본(식)'을 나타낸다면 일본어한자 洋(よう)는 '서양(식)'을 나타냅니다. 이를테면 서양식 옷은 洋服(ようふく, 양복), 서양 음식은 洋食(ようしょく, 양식), 서양적인 양식은 洋風(ようふう, 양풍)가 됩니다.

이와 같은 일본과 서양의 대립은 일본이 **근대화**⁴⁾를 추진하면서 내걸었던 캐치프레이즈 和魂洋才(わこんようさい, 화혼양재)에 잘 드러납니다. 여기서 和魂(わこん, 화혼)은 일본의 **정신**⁵⁾이고, 洋才(ようさい, 양재)는 **서양**⁶⁾의 **기술**⁷⁾과 학문 등을 가리킵니다. 이 슬로

건은 예전에 우리가 내세웠던 동도서기(東道西器)와 중국의 중체
서용(中體西用)과 같다고 볼 수 있습니다. 동도서기에서는 동(東)
과 서(道)가, 중체서용에서는 중(中)과 서(西)가 각각 **대립**[8]하고 있
습니다.

더 알고 싶은 일본어한자

1) **이견**: 異見(いけん)이라고 합니다. 곧 견해가 다르다는 의미입
   니다. 동음이의어에는 意見(いけん, 의견)과 違憲(いけ
   ん, 위헌)이 있습니다. 덧붙여 見(けん, 견)이 들어가는 일
   본어한자에 管見(かんけん, 관견)이라는 말이 있습니다.
   이 말은 자기의 소견이나 견해를 겸손하게 말할 때 쓰는
   표현입니다.

2) **헌법**: 憲法(けんぽう)라고 읽습니다. 현재 일본국헌법은 평화
   헌법 곧 平和憲法(へいわけんぽう)라고도 합니다. 헌법
   에 침략전쟁을 하지 않겠다고 명시했기 때문입니다. 하지
   만 일본의 자민당은 헌법을 개정하여 일본을 전쟁이 가능
   한 보통국가로 하려고 합니다. 그 대의명분은 북한의 위
   협이지만 사실은 중국에 대한 억제력을 강화하기 위함이
   라고 생각합니다.

3) **일본**: 日本이라고 쓰고, 'にほん' 혹은 'にっぽん'이라고 읽습
   니다. 보통은 'にほん'이라고 발음합니다만, 스포츠 경기
   등에서는 'にっぽん'이라고 외칩니다. 이 발음이 'にほ

ん'보다 강한 느낌을 주기에 쓰는 것 같습니다. 우리나라 지식인 중에는 'にっぽん'이라고 말하는 일본인을 우경화 된 사람처럼 보는 경향이 있지만 반드시 그렇다고 단정 지을 수는 없다고 생각합니다.

4) **근대화**: 近代化(きんだいか)라고 읽습니다. 일본의 근대화는 文明化(ぶんめいか, 문명화)를 의미했습니다. 그리고 文明(ぶんめい, 문명)를 野蛮(やばん, 야만)의 반대말로 사용했습니다.

5) **정신**: 精神(せいしん)입니다. 일본인은 정신력 곧 精神力(せいしんりょく)를 중시하는 경향이 있습니다. 특히 스포츠 경기에서 그렇습니다. 하지만 스포츠 경기는 정신력만 중요한 것이 아닙니다. 체력 등도 정신력 못지않게 중요하다고 생각합니다.

6) **서양**: 西洋(せいよう)입니다. 반면에 동양은 東洋(とうよう)라고 합니다. 덧붙여 洋(よう)가 들어가는 말에는 太平洋(たいへいよう, 태평양), 大西洋(たいせいよう, 대서양), インド洋(インドよう, 인도양) 등이 있습니다.

7) **기술**: 技術(ぎじゅつ)라고 읽습니다. 이 말은 科学(かがく, 과학)와 같이 잘 쓰입니다. 예컨대 科学技術(かがくぎじゅつ, 과학기술)처럼 말입니다.

8) **대립**: 対立(たいりつ)라고 합니다. 이 말과 함께 갈등 곧 葛藤(かっとう)라는 표현도 알아 두면 좋을 것 같습니다. 한일

간에는 갈등이 적지 않습니다. 이런 갈등을 완전히 없애는 것은 어려울 것 같습니다. 그렇다면 어떻게 해야 할까요? 갈등은 없애는 것이 아니라 적절히 관리하는 것이라는 사고가 필요하다고 생각합니다.

앞에서 언급했듯이 일본어한자에서 洋(よう)은 '서양(식)'을 나타냅니다. 이때 洋(よう)는 '서양' 곧 西洋(せいよう)의 준말이다. 그런데 우리말에도 이 洋(よう)를 일본어와 같이 쓰는 경우가 종종 있다. 예컨대 한 손으로 들 수 있도록 손잡이를 단 함석이나 알루미늄 등으로 만든 들통을 가리키는 '양(洋)동이'가 그렇고, 요리에 쓰는 '양(洋)파'가 그렇습니다. 또는 한국전쟁과 관련된 용어입니다만 서양인을 대상으로 한 직업여성을 '양공주(洋公主)'라고도 했습니다. 이뿐만이 아닙니다. 양배추, 양변기 등 양(洋)이 들어가는 어휘가 적지 않습니다. 일본어한자 洋(よう)와 우리말 양(洋)에는 서양을 받아들였던 동양의 역사가 보인다고 말할 수 있습니다.

平和(へいわ), 和英(わえい), 和歌山(わかやま), 和室(わしつ), 和睦(わぼく)

횡(橫)

일본의 相撲(すもう) 곧 '스모'는 우리나라의 씨름에 해당합니다. 하지만 우리의 씨름과 다른 점이 적지 않습니다. 이를테면 우리의 씨름은 샅바를 잡고 시작하지만 일본의 相撲(すもう)는 그렇지 않습니다. 그렇다고 샅바가 없는 것은 아닙니다. 씨름 선수에 해당하는 두 명의 力士(りきし)는 시작할 때는 떨어져 있다가 상호 접근하면서 샅바를 잡기도 하고 손으로 밀어내기도 합니다. 이것만이 아닙니다. 우리의 경우 경기에서 이긴 선수는 승리의 기쁨을 마음껏 표현하지만 일본의 力士(りきし)는 무덤덤한 표정으로 인사를 하고 퇴장할 뿐입니다. 왜냐하면 신성한 씨름판에서는 개인의 **감정**[1]을 노골적으로 표출해서는 안 되기 때문입니다.

相撲(すもう)에서 우리의 천하장사에 해당하는 것은 橫綱(よこづな)입니다. 1990년대 중반에 다카노 하나(貴乃花)라는 유명한 橫綱(よこづな)가 있었습니다. 相撲(すもう)를 별로 좋아하지도 않았던 제가 그의 이름을 지금도 기억하고 있는 것은 그가 당대의 최고 **배우**[2]였던 미야자와 리에(宮沢りえ)와 결혼을 한다는 소문이 있었기 때문입니다. 하지만 결국 이들은 파혼하고 맙니다. 그 충격으로 미야자와 리에는 **거식증**[3]에 걸려 극도로 체중이 빠지게 됩니다. 이후 그의

외모는 예전의 모습을 좀처럼 회복하지 못하게 됩니다.

방금 소개했던 다카노 하나와 미야자와 리에를 통해 일본어한자어인 橫綱(よこづな)가 저에게 각인됐습니다. 이것이 저와 일본어한자 橫(よこ, 횡)와의 첫 번째 **만남**4)이었습니다. 일본어한자 橫(よこ)와의 두 번째 만남은 橫文字(よこもじ)입니다. 이것은 글자 그대로 가로로 쓴 글자를 말합니다. 곧 영어와 같은 서양 문자를 가리킵니다. 영어는 일본어와 달리 가로쓰기를 하기 때문입니다. 그리고 나아가 서양어를 의미하기도 합니다. 예를 틀어 「橫文字(よこもじ)に 强(つよ)い。」라고 말하면 영어와 같은 서양어를 잘한다는 말입니다.

앞에서 가로쓰기라는 말을 썼습니다만 이것은 일본어로 '橫書き(よこがき)'라고 합니다. 반대말인 세로쓰기는 '縱書き(たてがき)'입니다. 잘 알려져 있듯이 일본어는 '橫書き(よこがき)'가 아니라 '縱書き(たてがき)'입니다. 예전에는 우리도 '縱書き(たてがき)' 곧 세로쓰기를 했습니다. 이것은 **한문**5)의 영향이라고 생각합니다. 한문은 세로로 썼기 때문입니다.

물론 일본의 유치원생이나 초등학교 **저학년**6)이 사용하는 교재는 가로쓰기인 '橫書き(よこがき)'를 합니다. 하지만 학년이 올라가면서 서서히 '縱書き(たてがき)' 곧 세로쓰기로 변합니다. 또한 유치원생이나 초등학교 저학년이 사용하는 교재에서는 띄어쓰기를 합니다만, 일본어는 띄어쓰기를 하지 않는 것이 기본입니다. 이것도 한문의 영향이라고 생각합니다. 띄어쓰기는 일본어로 '分かち書き(わかちがき)'라고 합니다.

그렇다면 띄어쓰기를 하지 않는 일본어는 시각적으로 어떻게 의미를 구분할까요? 한자와 하라가나(혹은 가타카나)를 병기함으로써 구분합니다. 또한 쉼표로 구분합니다. 그래서 일본어문장에는 우리의 **문장**[7]과 달리 쉼표가 많이 등장합니다. 일본어로 된 책을 우리말로 옮길 때는 일본어 원문에 나오는 쉼표는 가능한 한 **생략**[8]하는 게 좋다고 생각합니다. 그렇지 않으면 대단히 눈에 거슬리는 번역문이 될 수 있기 때문입니다.

가로 횡(橫)

1. 의미: 가로, 옆, 곁, 방자함, 바르지 못함
2. 음독: [おう] 縱橫(じゅうおう) 종횡, 橫暴(おうぼう) 횡포, 橫死(おうし) 횡사
3. 훈독: [よこ] 橫幅(よこはば) 가로 폭

일본어한자 橫(おう)는 어려운 한자는 아닙니다만 橫暴(おうぼう, 횡포)와 橫死(おうし, 횡사) 같은 쓰임이 있다는 것은 알아둘 필요가 있다고 생각합니다.

그런데 橫(おう)의 훈독인 橫(よこ)가 들어가는 지명 가운데 橫須賀市(よこすかし)가 있습니다. 우리말로 표기하면 '요코스카시'가 됩니다. 이곳은 일본의 神奈川県(かながわけん) 東南部(とうなんぶ) 곧 가나가와현 동남부에 위치해 있는데, 미군 기지로 유명한 곳입니다. 이곳과 함께 沖縄県(おきなわけん)의 嘉手納(かでな) 미공군기지도 알아두면 좋겠습니다. 이곳도 유명한 미군 주둔지입니다.

1) **감정**: 感情(かんじょう)라고 합니다. 관련 어휘로 悪感情(あく
   かんじょう, 악감정)이 있습니다. 덧붙여 情(じょう, 정)는
   '情け(なさけ)'라고 읽기도 하는데, '情けない(なさけな
   い)'라고 하면 '인정이 없다' 혹은 '한심하다'의 의미입
   니다.

2) **배우**: 俳優(はいゆう)라고 읽습니다. 배우 중에 남자 배우는 男
   優(だんゆう, 남우), 여자 배우는 女優(じょゆう, 여우)라고
   합니다.

3) **거식증**: 拒食症(きょしょくしょう)라고 합니다. 반대말은 過食症
   (かしょくしょう, 과식증)입니다.

4) **만남**: '出合い(であい)' 혹은 '出会い(であい)'라고 씁니다.

5) **한문**: 漢文(かんぶん)이라고 합니다. 한자로 쓰인 문장을 가리
   킵니다. 반대로 일본어문자로 쓰인 문장은 和文(わぶん)
   이라고 합니다.

6) **저학년**: 低学年(ていがくねん)이라고 합니다. 반대는 高学年
   (こうがくねん, 고학년)입니다.

7) **문장**: 文(ぶん, 문) 혹은 文章(ぶんしょう, 문장)라고 합니다. 일
   본에서는 하나의 문장은 文(ぶん)이라고 하고, 둘 이상의
   문장은 文章(ぶんしょう)라고 합니다. 하지만 우리는 이
   모든 것을 문장이라고 말합니다.

8) **생략**: 省略(しょうりゃく)라고 읽습니다. 일본어에 割愛(かつあい, 할애)라는 말이 있습니다. 생략은 생략이지만 '이번에는 아쉽게 생략한다'는 의미입니다. 그런데 우리말에서 할애(割愛)는 시간이나 돈 등을 아깝게 여기지 않고 선뜻 내어 준다는 뜻입니다.

일본문화 한마디

얼마 전의 일입니다. 横断歩道(おうだんほどう, 횡단보도)를 건너고 있었습니다. 저는 분명 横断歩道(おうだんほどう)를 건너고 있었습니다만, 가만히 생각해보니 横断(おうだん, 횡단)이 아니라 縦断(じゅうだん, 종단)을 하고 있었습니다. 보행자의 시각에서 보면 横断歩道(おうだんほどう)는 横断歩道(おうだんほどう)가 아니라 縦断歩道(じゅうだんほどう)였습니다. 그럼 누구의 입장에서 보면 横断歩道(おうだんほどう)가 될까요? 바로 운전자의 입장입니다. 운전하는 사람이 봤을 때 横断歩道(おうだんほどう)가 됩니다. 따라서 横断歩道(おうだんほどう)라는 말을 철저하게 운전자의 시각에서 나온 표현이라는 생각이 듭니다.

이와 같은 것은 일본이나 한국이나 마찬가지입니다. 그런데 일본의 横断歩道(おうだんほどう) 근처에는 영어 stop 의미로 쓰이는 '止まれ(とまれ, 멈춰라)'라는 경고의 글이 자주 보입니다. 일본어에서는 금지 표현이 완곡한 편인데 도로에는 '止まれ(とまれ)'와 같이 강력한 금지 표현이 쓰인다는 점이 흥미롭습니다.

横断(おうだん), 専横(せんおう), 横領(おうりょう), 横たわる(よこた
わる), 横たえる(よこたえる)

저는 일본 홋카이도대학교에서 역사지역문화학 전공으로 박사학위를 받았습니다. 세부 전공은 약 7~8세기에 성립됐다고 하는 일본에서 가장 오래된 시가집인 『만엽집』입니다. 이 『만엽집』에는 4500여 수의 노래가 실려 있습니다. 우리의 향가와 비슷한 노래라고 생각하면 됩니다. 그런데 이 시가집의 원문은 모두 한자로만 되어 있습니다. 제가 한자에 관심을 가지게 된 배경입니다.

일본에서 『만엽집』을 공부하면서 어떤 특정한 한자를 왜 그렇게 읽는지, 그 뜻은 무엇인지, 그 의미가 어떻게 변해왔는지를 학습했습니다. 그리고 자연스럽게 근대 이전에 나온 중국과 일본의 옛 사전에 친숙해졌습니다. 이와 같은 과정을 통해 한자 하나하나에 많은 관심과 애정을 갖게 됐습니다.

이번에 출판한 '타문화 이해와 존중을 위한'이라는 부제목이 있는 『일본어한자이야기』는 일본에서 『만엽집』을 공부하면서부터 구상한 것이었습니다. 세상에 내 놓는데 20여 년이 필요했습니다. 현재 재직하고 있는 대학교에서 <일본어한자의이해>라는 과목을 맡고 있습니다. 수업을 통해 학생들이 일본어한자와 그 읽기에 많은 어려움을 갖고 있다는 것을 알게 됐습니다. 학생들의 학습에 도움이 될 만한 일본어한자읽기 관련 도서를 살펴봤습니다만, 대체적으로 대동소이했습니다. 이들 교재는 제가 일본어를 배우면서 참고했던 30여 년 전과 전혀 다르지 않았습니다.

일본어한자읽기에 관한 도서는 그 성격상 색다른 구성과 내용을 담기 어려운 것이 사실입니다. 그리고 현재 시판되고 있는 교재가 나쁜 것도 아닙니다. 다만 저는 제가 일본어한자읽기에 관한 책을 쓴다면 현재 나와 있는 도서와 크게 다르지 않는 구성과 내용을 가진 책을 기존 도서에 한 권 더 더하고 싶지는 않았습니다. 뭔가 색다른 것을 내고 싶었습니다.

이와 같은 저의 문제의식과 바람을 토대로 시도해본 것이 '타문화 이해와 존중을 위한'이라는 부제목이 달린 『일본어한자이야기』입니다. 저의 문제의식과 바람이 얼마나 성공을 거두었는지는 잘 모르겠습니다. 다만 한 가지 확실한 것은 소개하고 싶은 '이야기가 있는 일본어한자'는 더 많이 있다는 것입니다. 졸저에서 우선 예시한 일본어한자와 일본어한자어는 저에게 자신을 소개해 달라고 아우성을 쳤던 일본어한자와 한자어 가운데 극히 일부만을 적은 것에 불과합니다. 여력이 된다면 그리고 『일본어한자이야기』의 글쓰기에 공감해 주시는 독자가 있다면 속편도 내고 싶습니다.

일본어한자와 일본어한자어를 배우기 시작한 초등학생 딸아이가 있습니다. 졸저를 집필하면서 저는 딸아이들을 독자로 상정했습니다. 일본어한자와 한자어를 막 익히기 시작한 아이들에게도 읽기 쉬운 책이라면 일반 독자도 접근하기 쉬운 책이 될 수 있을 것이라고 생각했기 때문입니다. 딸들의 반응이 궁금합니다.

끝으로 감사 말씀을 드리면서 마치고자 합니다. 졸저가 나오기까지 격려해 주시고 수고해 주신 윤석현 선생님과 최인노 과장님께 이 자리를 빌려 깊은 감사 말씀을 드립니다. 두 분과의 인연을 앞으로도 소중히 하겠습니다.

저자 약력

▌박상현

　건국대학교 사범대학 일어교육학과를 졸업했고, 일본의 홋카이도(北海道)대학교에서 역사지역문화학 전공으로 박사학위를 받았습니다. 현재는 경희사이버대학교 일본학과에 재직하고 있습니다. 학술적 에세이라는 글쓰기를 통해 전공에 관련된 전문 지식을 일반 독자에게 좀 더 알기 쉽게 전달하고 싶다는 바람을 가지고 있습니다. 주요 저서에는『한국인에게 '일본'이란 무엇인가』(개정판『한국인의 일본관』),『일본문화의 패턴』,『일본인의 행동패턴』등이 있고, 번역서에는『일본 국문학의 탄생』등이 있습니다.

- koreaswiss@khcu.ac.kr

타문화 이해와 존중을 위한
일본어한자이야기

초 판 인 쇄	2022년 09월 01일
초 판 발 행	2022년 09월 08일
저　　　자	박상현
발 행 인	윤석현
발 행 처	제이앤씨
책 임 편 집	최인노
등 록 번 호	제7-220호
우 편 주 소	서울시 도봉구 우이천로 353 성주빌딩
대 표 전 화	02) 992 / 3253
전　　　송	02) 991 / 1285
홈 페 이 지	http://jnc.jncbms.co.kr
전 자 우 편	jncbook@hanmail.net

ⓒ 박상현 2022 Printed in KOREA.

ISBN 979-11-5917-220-5　13730　　　　　　　　　　정가 18,000원